DAS FETENBUCH

Mike Eulner

24,80

Umschlagsgraphik und Illustrationen: Wolfgang Heinsch
Layout: K.-D. Brösche
Notengraphik: IM Notenstudio, Postfach 226, 7107 Bad Wimpfen
Druck: Druckhaus Horch KG, 7107 Neckarsulm
Gesamtherstellung: Intermusic Verlag und Vertrieb, 7107 Bad Wimpfen

Bestellnummer: 6009
ISBN 3 - 925772 - 07 - 3

Alleinvertrieb durch Intermusic Verlag und Vertrieb,
Postfach, D-7107 Bad Wimpfen.

Vorwort

Nach jahrelangem, mühsamem Forschen, an kalten und warmen Buffets mit gegrillten Würstchen, Schweinehaxen, Hähnchenschlegeln, Unmengen von Kartoffelsalat und nie gezählten Frikadellen, unter härtestem Einsatz von Leber und Milz, im Kampf gegen obergäriges Bier, Pils und alle durchgegorenen Rebsorten, ist es mir endlich gelungen, dem Geheimnis der Partymusik ein Stückchen näher zu kommen.

Hierbei spielte es keine Rolle, ob wir uns in einer etwas naßmuffigen Kellerbar, im Salon von Madame oder auf einer Gartenfete mit Sommergewitter-Effekt befanden. Selbst das Generationsproblem hatte keinen Einfluß auf die Auswahl der musikalischen Beiträge.

Zu allen Zeiten gab es gute Songs, und die Freude, einen schon vergessenen Hit wiederzuhören und mitzusingen, ist überall gleich groß. In diesem Sinne habe ich das Fetenbuch zusammengestellt. Hinzu kamen noch einige Spiele und Tanzanleitungen.

Bis dann und eine heiße Fetensaison wünschen Euch
Barbara Ann,
Bolle,
Corrina,
Mighty Quinn,
Jolene,
Katrin,
Suzanne,
Mandy,
Matilda,
Mrs. Robinson,
Mr. Tambourine Man,
John Brown,
Ruby
und
Mike Eulner u. v. m.

Inhaltsverzeichnis

A hard day's night

Text und Musik: J. Lennon/P. McCartney

Die Auflösungen zu den Spielen stehen auf Seite 185!

A horse with no name

Text und Musik: Dewey Bunell

D9/6
Em
D9/6
The heat was, hot and the ground was dry, but the
Under the cities lies a heart made of ground but the
Em
D9/6
𝄋 1. Em9
air was full of sound I've
humans will give no love. You see I've
been thru the desert on A
Dmaj7
Em9
Dmaj7
Horse With No Name, it felt good to be out of the rain, In the
Em9
Dmaj7
Em9
desert you can re - member your name' cause there aint no one for to
Dmaj7
Em9
Dmaj7
give you no pain, La la la la la la la la la
D. S. al 𝄋 2
Em9
1. 3. 5. Dmaj7
2. 4. Dmaj7
Em
la la la
2. Af - ter
3. Af - ter
two days in the

D9/6 Em D9/6
desert sun my skin began to turn red, Af - ter
Em D9/6 Em
three days in the desert sun I was looking at a river bed.
D9/6 Em D9/6
And the story it told of a river that flowed made me
1 2
D. S. al 𝄋 dann 𝄋
Em D9/6
sad to think it was dead. You see I've

Bus-stop

Text und Musik: Graham Gouldman

G F♯7 Hm A G
Ev - 'ry morn - ing I would see her wait - ing at the stop some - times she'd
E F♯7 Hm
shop and she would show me what she'd bought.
G F♯7 Hm A G
Oth - er peo - ple stared as if we were both quite in - sane, some day my
Em F♯7 Hm
name and hers are go - ing to be the same.
Em
That's the way the whole thing start - ed sil - ly but it's true,
think - ing of a sweet ro - mance be - gin ning in that queue,

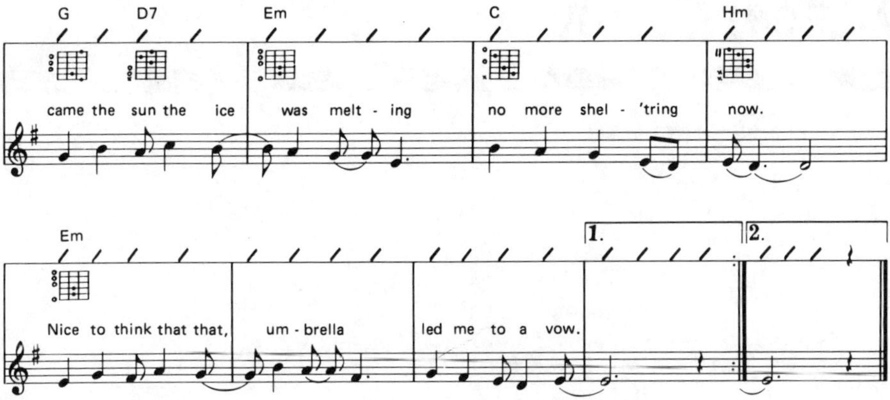
G D7 Em C Hm
came the sun the ice was melt - ing no more shel - 'tring now.
Em
1. 2.
Nice to think that that, um - brella led me to a vow.

Barbara Ann

Text und Musik: Fred Fassert

Went to a dance, lookin' for ro- mance saw Bar-Bar Ann, So I
Played my fav'rite tune, danced with Betty Lou, tried Peggy Sue, but I
E7
A
thought I'd take a chance,
knew they would-n't do,
oh Bar - Bar Ann, Bar - Bar Ann,
E
take my hand, oh Bar - Bar Ann, Bar - Bar Ann,
H7
take my hand you got me rock - in' and a roll - in'
A7
E
rock - in' and a roll in', Bar - Bar Ann, Bar - Bar, Bar - Bar Bar Ann.

Bolle reiste jüngst zu Pfingsten

Deutsches Volkslied

2.
In Pankow gab's kein Essen,
in Pankow gab's kein Bier,
war alles aufjefressen,
von fremden Gästen hier.
Nich' mal 'ne Butterstulle,
hat man ihm reserviert!
Aber dennoch hat sich Bolle,
janz köstlich amüsiert.

3.
Auf der Schönholzer Heide,
da gab's 'ne Keilerei,
und Bolle, gar nicht feige,
war feste mang dabei,
hat's Messer rausgezogen
und fünfe massakriert,
aber dennoch hat sich Bolle,
janz köstlich amüsiert.

4.
Schon fing es an zu tagen,
als er sein Heim erblickt.
Das Hemd war ohne kragen,
das Nasenbein zerknickt,
das rechte Auge fehltem
das linke marmoriert,
aber dennoch hat sich Bolle,
janz köstlich amüsiert.

5.
Als er nach Haus' gekommen,
da ging's ihm aber schlecht;
da hat ihn seine Olle,
janz mörderlich verdrescht!
'ne volle halbe Stunde,
hat sie auf ihm poliert,
aber dennoch hat sich Bolle,
janz köstlich amüsiert.

6.
Bolle wollte sterben,
er hat sich's überlegt.
Er hat sich auf die Schienen,
der Kleinbahn hingelegt.
Die Kleinbahn hatt' Verspätung.
und vierzehn Tage d'rauf,
da fand man unser'n Bolle,
als Dörrgemüse auf!

Can the circle be unbroken

Traditional

2.
I was standing by the window
on one cold and cloudy day.
When I saw the hearse come rolling
for to carry my mother away.
Can the circle be unbroken . . .

3.
Lord, I told the undertaker:
„Undertaker, please drive slow,
for this body you are hauling,
Lord, I hate to see her go."
Can the circle be unbroken . . .

4.
For I Followed close behind her,
tried to cheer up and be brave,
but my sorrows, I could not hide them,
when they laid her in the grave.
Can the circle be unbroken . . .

Corrina, Corrina

Traditional

Deutscher Text: Wolfgang Ambros

1.
Corrina, Corrina, sog, wo bleibst so lang?
Corrina, Corrina, sog, wo bleibst so lang?
I moch ma solche Sorgen,
bitte kumm boid ham!

2.
A Vogl singt im Gart'n und de Blumen blüh'n.
A Vogl singt im Gart'n und de Blumen blüh'n.
Aber ohne mei Corrina
kann mi des net berühr'n.

3.
Corrina, Corrina, Mad'l, i denk an di.
Corrina, Corrina, Mad'l, i denk an di.
Und wann's net boid zu mir kummst
is ollas aus – fia mi.

Cielito lindo

Südamerikanisches Volkslied

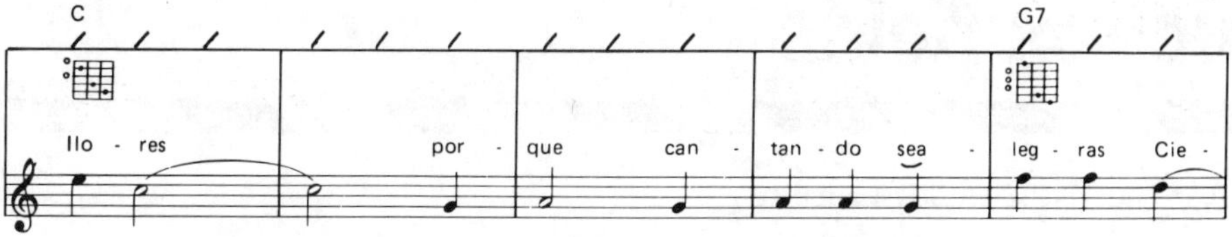

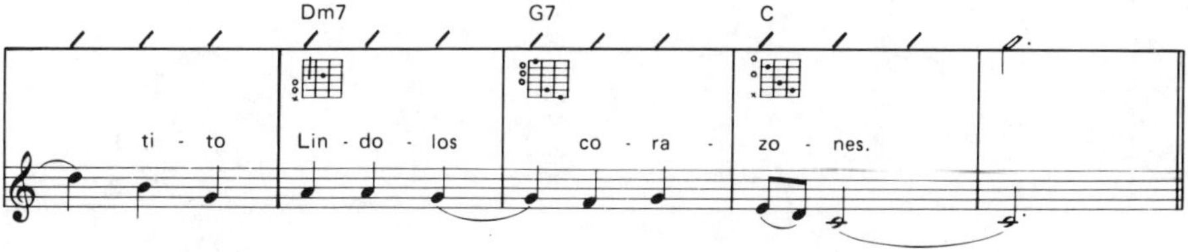

2.
El amor es un bicho,
cielito lindo,
que cuando pica
no se encuentra remedio,
cielito lindo, en la botica.
Ay, ay, ay, ay . . .

Cotton fields

Text und Musik: Huddy Ledbetter

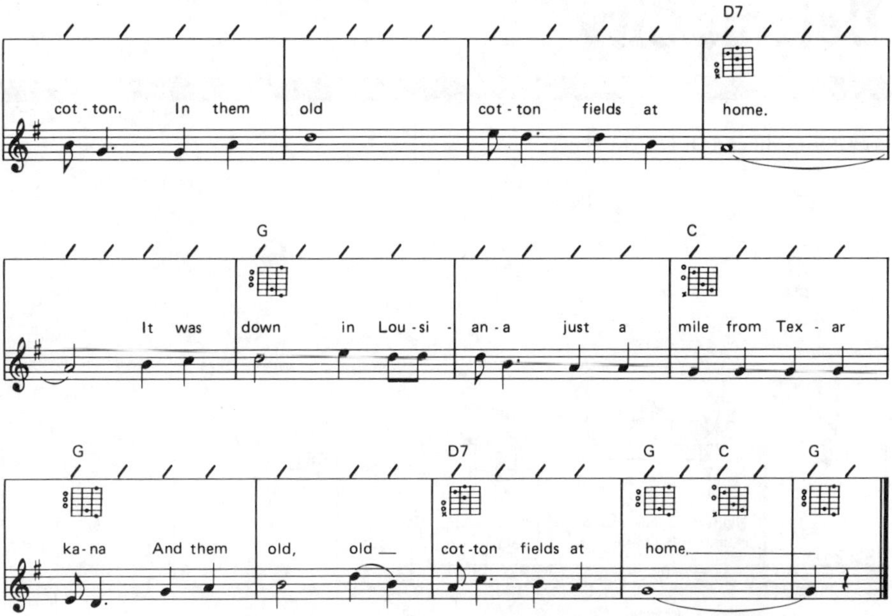

2.
It may sound a little funny
but you didn't make very much money,
in them old, old cotton fields at home.
It may sound a little funny
but you didn't make very much money,
in them old, old cotton fields at home.

3.
I was home in Arkansas,
people ask me what you come here for,
in them old, old cotton fields at home.
I was home in Arkansas,
people ask me what you come here for,
in them old, old cotton fields at home.

Detroit City

Text und Musik: D. Dill/M. Tills

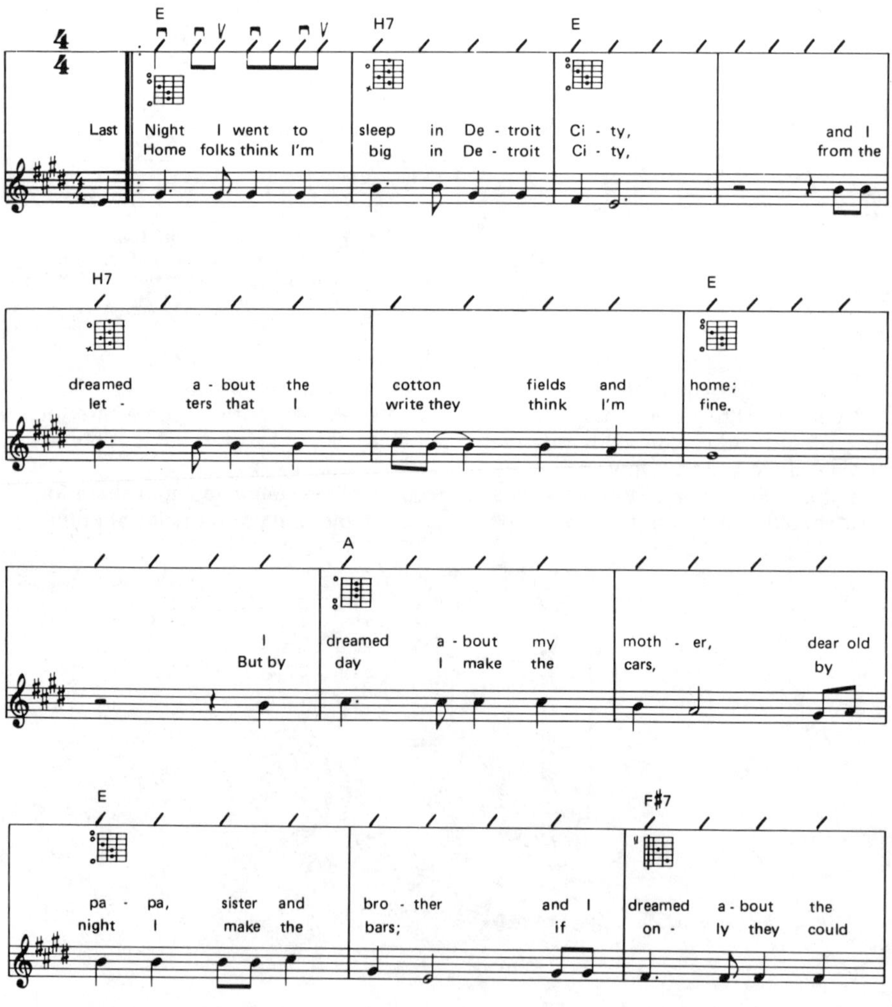

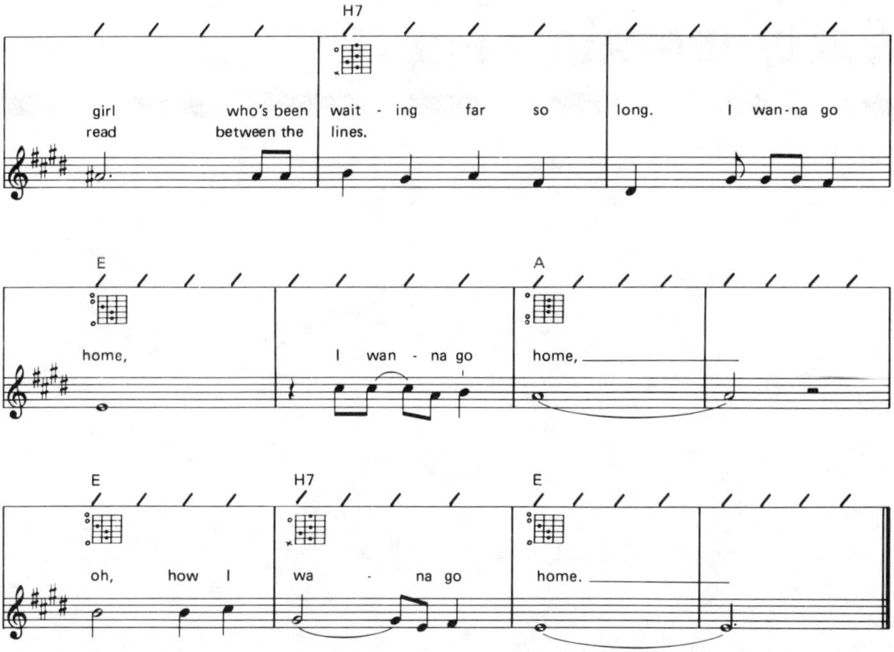

Gesprochen:
'cause you know I rode a freight train north to Detroit City.
And after all these years I find I've just been waisting my time,
so I just think I'll take my foolish pride and put it on the south-bound freight and ride
and go on back to the loved ones, the ones that I left waiting so far behind.

Early mornin' rain

Text und Musik: Gordon Lightfoot

2.
Out on runway number nine, big
seven-o-seven set to go
but I'm stuck here in the grass
where the cold wind blows.
Now the liquor tasted good and
the women all were fast;
well, there she goes, my friend,
she's rollin' now at last.

3.
Hear the mighty engines roar, see the
silver bird on high.
She's away and westward bound, far
above the clouds she'll fly
where the mornin' rain don't fall and
the sun always shines.
She'll be flyin' o'er my home in
about three hours time.

4.
This old airports got me down, it's no
earthly good to me
'cause I'm stuck here on the ground
as cold and drunk as I can be.
You can't jump a jet plane like you
can a freight train,
so I'd best be on my way in the
early mornin' rain.

Easy lover

Text und Musik: P. Collins/P. Bailey/N. East

C G/H C G/H C G/H C
kind of girl you dream of dream of keeping hold of
one that want's to hold her hold her and con - trol her
D Em D , E D Em D Em
better forget it you'll never
D E G/H C G/H C
get it she will play around and leave you
'cause she'll say that there's no other
G/H C C Em
leave you and deceive you better forget
until she finds an - other better forget
D E D Em D Em D Em Hm7
it or you'll re - gret it. No you'll
it ooh you'll re - gret it. And don't
Am7 Hm7 Em Am
never change her so leave her leave her get out quick cos
try to change her just leave her leave her you're not only one cos

Das Flaschenspiel

Wir stellen fünf Flaschen im Abstand von etwa 50 cm mitten im Raum auf den Boden. Danach heißt es Freiwillige vor. So freundlich wie wir sind, lassen wir den Spieler zur Übung über die Hindernisse erst einmal probelaufen.
Natürlich dürfen keine Flaschen umgestoßen werden!
Aber jetzt beginnt erst der Spaß. Unserem Spielpartner werden die Augen verbunden. Nun soll er die gleiche Strecke unter diesen erschwerten Bedingungen bewältigen. Während der Ärmste zum Start geführt wird, nehmen wir vorsichtig die Flaschen weg. Aber Achtung, unser „Opfer" darf davon nichts bemerken!
Um den Jux noch zu erhöhen, geben wir Tips. Etwa so: „Halt, etwas mehr nach rechts" oder „Achtung höher" usw.
Haltet einen Fotoapparat bereit, die Bilder sind wirklich zum Schießen.
Dieses Spiel läßt sich dann wiederholen, wenn andere Freiwillige während des ersten Spieldurchganges im Nebenraum gewartet haben.

Es, es, es und es

Deutsches Volkslied

2.
Er, er, er und er, Herr Meister, leb er wohl!
Ich sags ihm grad frei ins Gesicht,
seine Arbeit, die gefällt mir nicht.
Ich will mein Glück probieren,
marschieren.

3.
Sie, sie, sie und sie, Frau Meisterin, leb sie wohl!
Ich sags ihr grad frei ins Gesicht,
ihr Speck und Kraut, das schmeckt mir nicht.
Ich will mein Glück probieren,
marschieren.

4.
Ihr, ihr, ihr und ihr, ihr Jungfern, lebet wohl!
Ich wünsche euch zu guter Letzt,
ein Andern, der mein Stell ersetzt.
Ich will mein Glück probieren,
marschieren.

5.
Ihr, ihr, ihr und ihr, ihr Brüder, lebet wohl!
Hab ich euch was zu Leid getan,
so bitt ich um Verzeihung an.
Ich will mein Glück probieren,
marschieren.

Eight days a week

Text und Musik: J. Lennon/P. McCartney

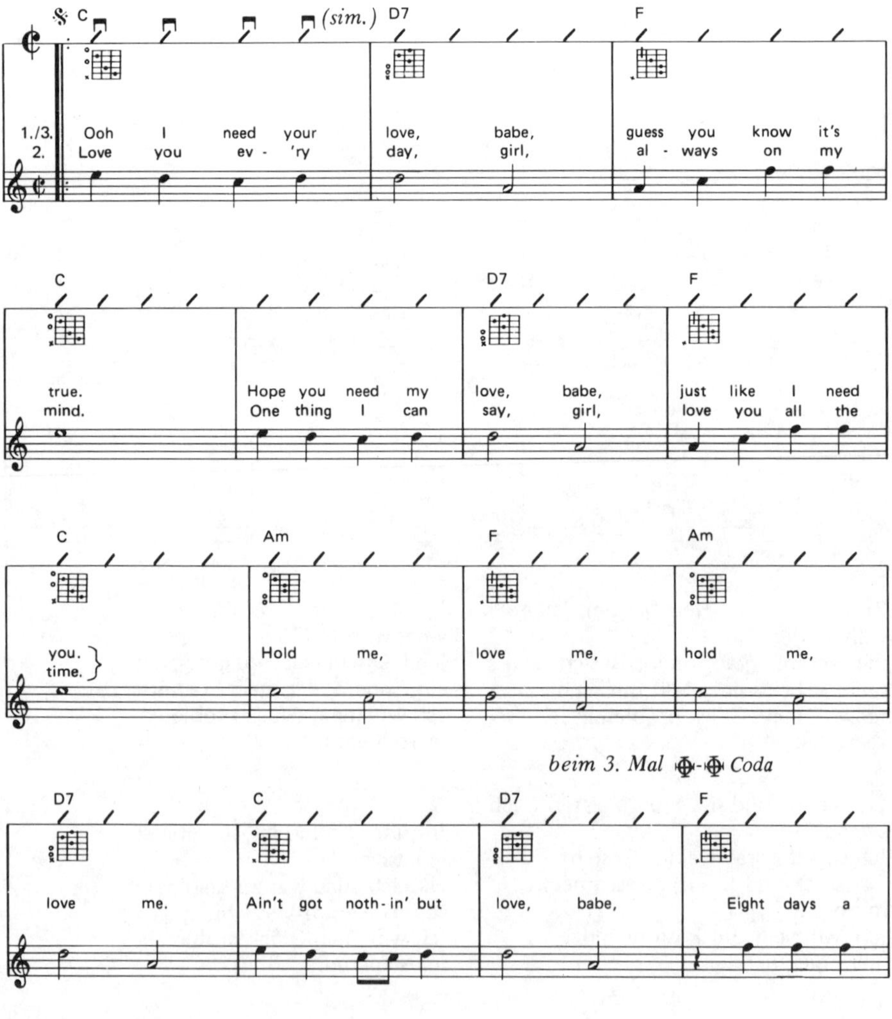

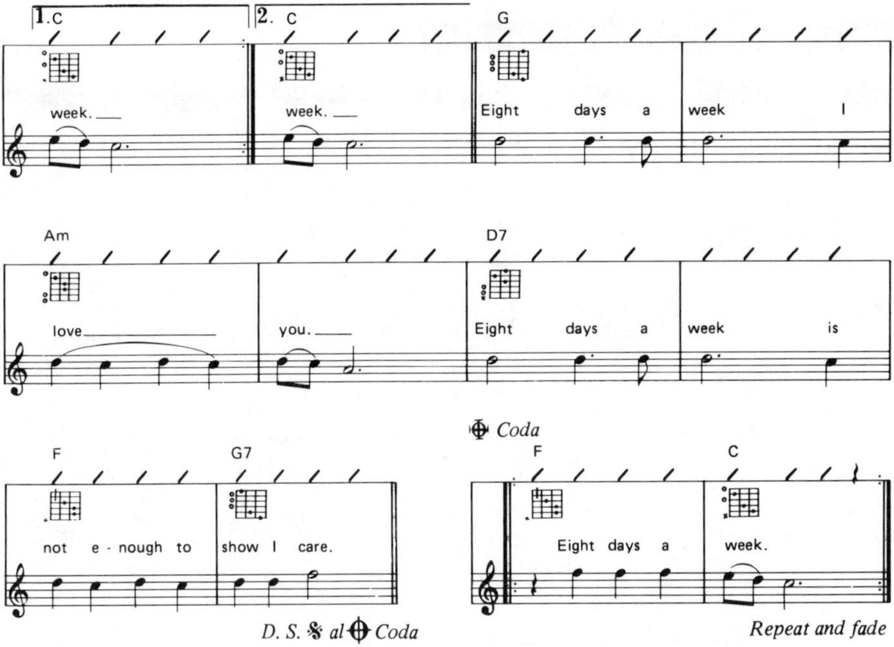
1. C
2. C
G
week. ___
week. ___
Eight days a week I
Am
D7
love___________
you. ___
Eight days a week is
Coda
F
G7
not e - nough to show I care.
F
C
Eight days a week.
D. S. al Coda
Repeat and fade

Eve of destruction

Text und Musik: P.F. Sloan

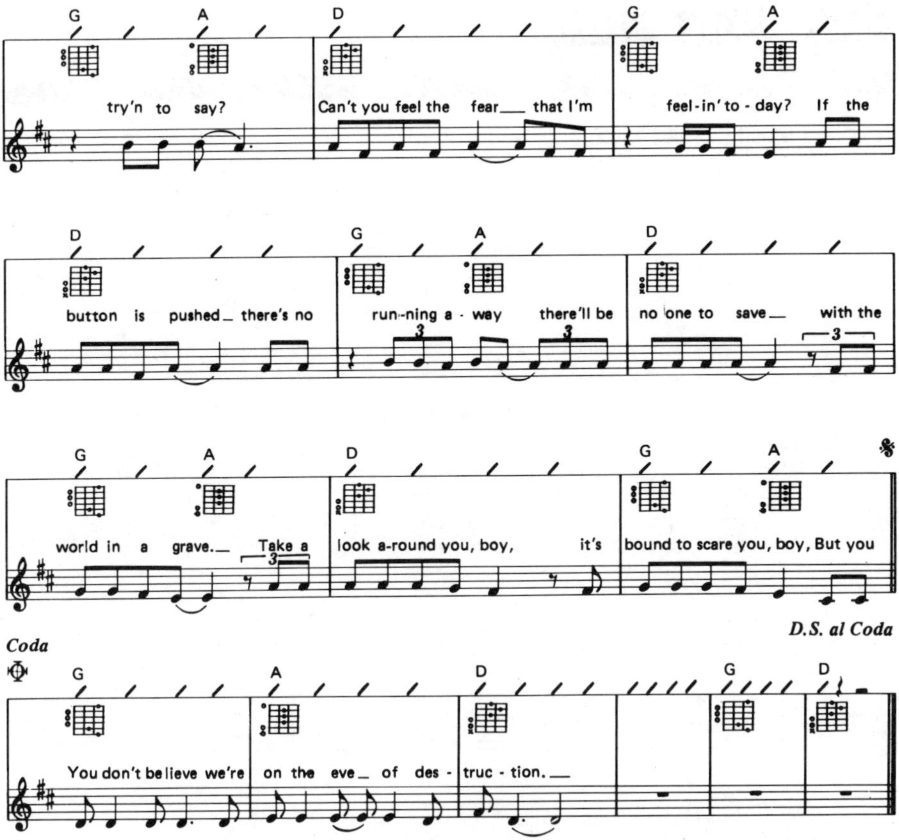

3.
Yeah, my blood's so mad, feels like coagulatin',
I'm sittin' here, just contemplatin',
I can't twist the truth, it knows no regulation,
handful of Senators don't pass legislation,
and marches alone can't bring integration,
when human respect is disintegratin',
this whole crazy world is just too frustratin',
and you tell me . . .

4.
Think of all the hate there is in Red China!
Then take a look around to Selma, Alabama!
Ah, you may leave here, for four days in space,
but when you return, it's the same old place,
the poundin' of the drums, the pride and disgrace,
you can bury your dead, but don't leave a trace,
hate your next-door-neighbour, but don't forget to say grace,
and you tell me . . .

Fire and rain

Text und Musik: James Taylor

2.
Won't you look down on me Jesus,
you've got to help me make a stand
you've just got to help
you've just got to see me through
another day
my body's a ching and my times is
at hand
and I won't make it any other way

I see . . .

3.
Now I'm walking my mind to an
easy time
my back turned towards the sun
Lord knows the cold wind blows
it'll turn head around
well there's hours of time on the
telephone line to talk about
things to come
sweet dreams and playing machines
in pieces on the ground.

I see . . .

Flyin' high

Text und Musik: Ewald Pfleger

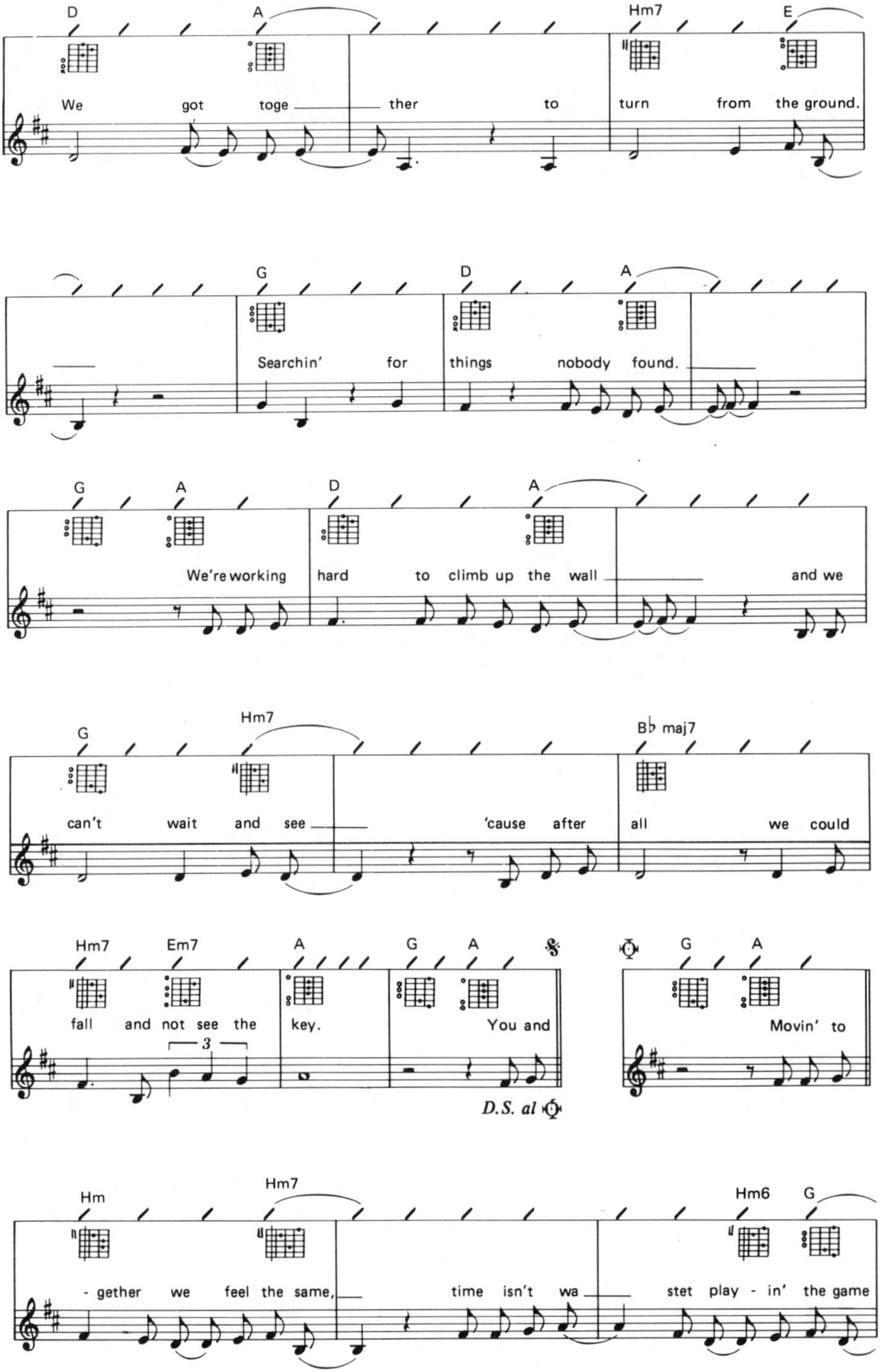
D A Hm7 E
We got toge — ther to turn from the ground.
G D A
Searchin' for things nobody found.
G A D A
We're working hard to climb up the wall and we
G Hm7 B♭ maj7
can't wait and see 'cause after all we could
Hm7 Em7 A G A
fall and not see the key. You and
D.S. al
G A
Movin' to
Hm Hm7 Hm6 G
- gether we feel the same, time isn't wa stet play - in' the game

A Hm Hm7
all the high fee lin' is - n't a fame. You're flyin' high
Hm6 G A C Cmaj7
we hope in our name. Once in a while we all should
Hm7 Em7 A G A D
try fly in' high. You and I (i ..... Echo)
Em7 A G A D
fly in' high, we climb high, (high ..... Echo)
Em7 A G A
high up to the sky. You and
D Em7 A G A
I (I .... Echo) fly in' high, once in a

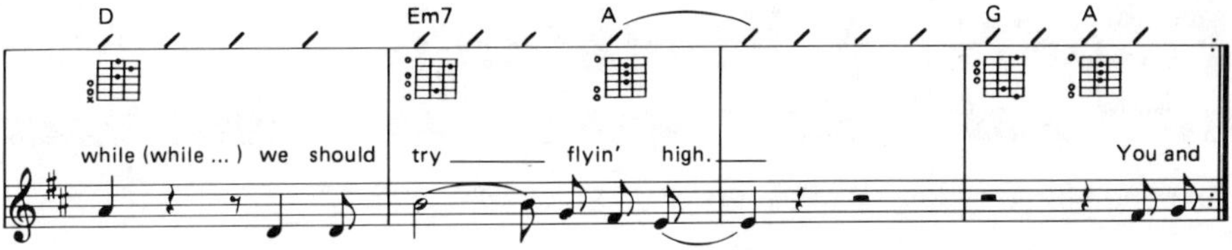

Das Lilienspiel

Die abgebildete Lilie soll in beliebiger Größe auf eine Pappe übertragen werden. Danach schneidet man die sieben Teile aus und legt sie auf dem Spieltisch wieder zusammen.
Gespielt wir mit drei Würfeln. Es gelten nur die Augenkombinationen 1 - 2 - 3, 2 - 3 - 4, 3 - 4 - 5 und 4 - 5 - 6. Würfelt ein Spieler eine dieser Kombinationen, kann er sich das entsprechende Teilstück nehmen. Das gilt aber nur für die oberen und unteren Teile der Lilie. Kommt es zu einem Wurf, der einem schon weggenommenen Teilstück entspricht, muß dieses wieder zurückgelegt werden.
Wer das Mittelstück erwirbt ist Sieger!

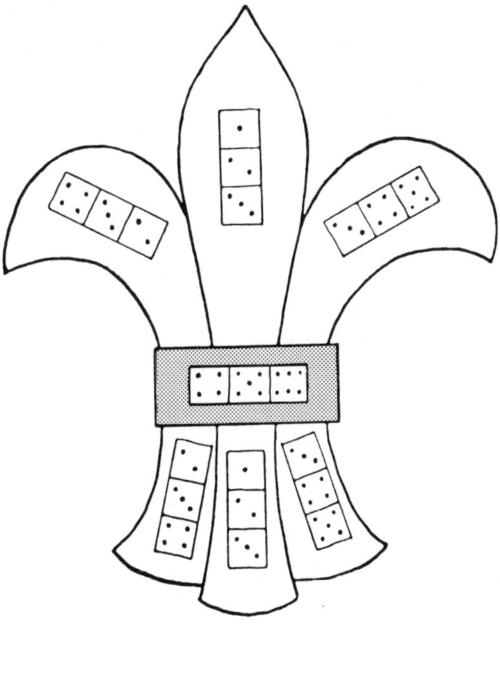

Frankreich, Frankreich

Text und Musik: T. Engel/W. Schnitzler/E. Stokłosa/R. Hömig

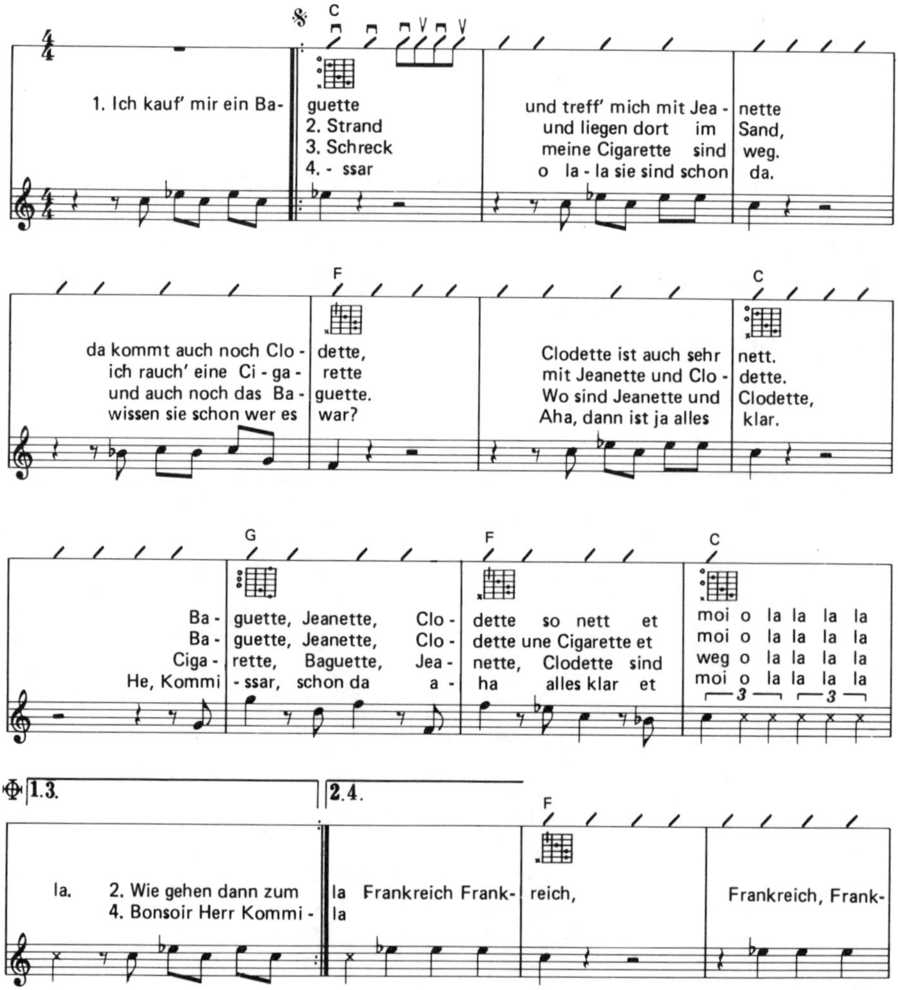

C G F C
- reich, Frank - reich, Frank - reich, Frank - reich,
1. 2. C
Ich werde wach mit
He, hallo Monsieur Vo - yeur, wir machen ein Ver-
Nach Instrumental
F
hör. Gibst du die Sachen wieder her, dann ist alles kein Mal-
C G F
heur Ba - guette, Jeanette, Clo - dette, une Cigarette Kommi
G F C
- ssar, alles klar, Vo - yeur, Verhör et moi o la la la la la. Frankreich, Frank-
3 3
F C
reich, Frankreich, Frank - reich; Frankreich, Frank -

G
F
C
reich,
Frank - reich
1.2.3.
4.
Cm
gesprochen:
reich Frank - reich, Frank - reich
Oh, Frank - reich, oh,
Fm
Cm
oh, Frankreich et - Paris
3
G
Fm
et Côte d' A - zur, et haute coute couture - vill zo dürr.
G
Cm
Oh, tour d'Eiffel

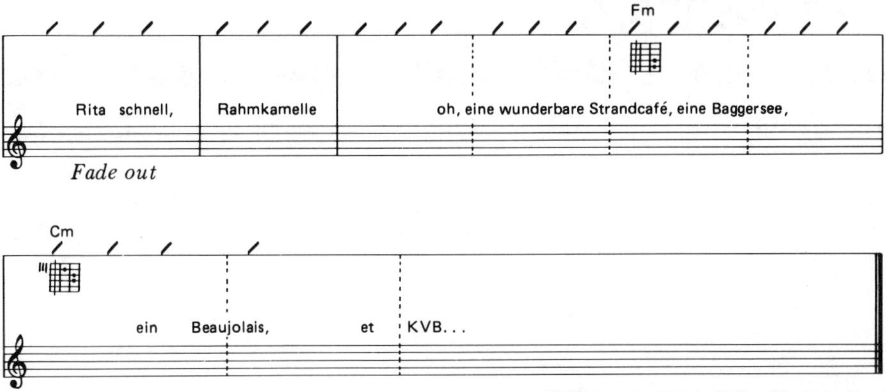

Kommando Pimperle

Ein Kommunikationsspiel, das schon im vorigen Jahrhundert mit Begeisterung gespielt wurde! Die Mitspieler sitzen im Kreis um einem Tisch und bemühen sich, den Kommandos des Spielleiters zu folgen:

Kommando Pimperle

Alle trommeln mit gestreckten Zeigefingern auf die Tischkante

Kommando Hoch

Die Hände werden ausgestreckt und hochkant aufgesetzt.

Kommando Flach

Die Handflächen werden auf den Tisch gelegt.

Kommando Faust

Die geballten Fäuste werden auf den Tisch gelegt.

Kommando Turm

Die Fäuste werden übereinander auf den Tisch gelegt.

Die anfangs langsam, dann immer schneller gerufenen Kommandos des Spielleiters dürfen nur dann ausgeführt werden, wenn er tatsächlich das Wort „Kommando" benutzt hat. Sagt er z.B. „Kommando Faust" und anschließend „Hoch", bleiben die Fäuste auf dem Tisch. Wer einen Fehler macht, gibt ein Pfand ab oder scheidet aus.

Fürstenfeld

Text: Schiffkowitz

Musik: Schiffkowitz/Jandrisits

D C G
Verse
1. Wo - ch'n lang steh' i scho'. do,
D C G
wo — ch'n — lang plog i mi o,
D C G
i spül' mir, die Fin — ger wund,
C D7 G
und sing so — gar: Do kummt die Sunn.
D C G
Doch es is' zum nar - risch werd'n,

D C G
ka — na wül' mi sin — gan hör'n,
D C G
lang — sam kriag i, wirkl — lich g'nua,
C D7 G
i frag' mi, wos, i dö tua.
D G D
Refrain
I wül' wie — da ham, i fühl' mi
G D
dö so al — lan, brauch ka gro - ße
G C D7 1.2. G
Welt, i wül' ham nach Für — sten — feld!

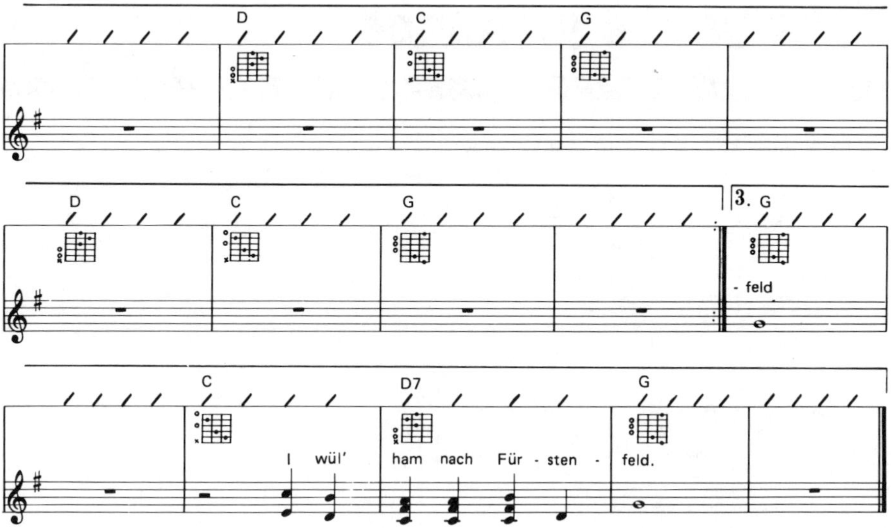

2.
In da Zeitung do ham's g'schrieb'n,
do gibt's a Szene, do muaßt hin,
wos de woll'n, des soll'n se schreib'n,
mir kann de Szene g'stohlen bleib'n.
Do geh i gestan in's U 4,
fangt a Dirnd'l an zum Red'n mit mir,
schwarze Lipp'n, grüne Haar,
da kannst ja Angst kriag'n, wirkli wahr.

I wül' wieda ham, . . .

3.
Niemals spül i mehr in Wien,
Wien hat mi gar net vadient,
i spül' höchstens no in Graz,
Sinablkirch'n und Stinatz.
I brauch kan Gürt'l, i brauch kan Ring,
i wül' z'ruck hintan Semmering,
i brauch nur des biß'l Geld,
für die Fahrt nach Fürstenfeld.

I wül' wieda ham, . . .

Give peace a chance

Text und Musik: J. Lennon/P. McCartney

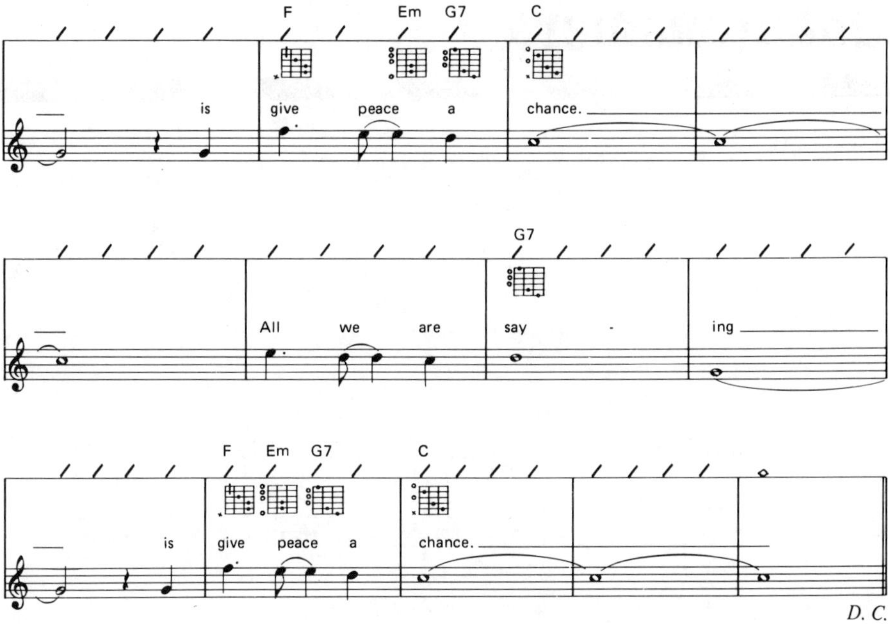

Nimm 6 Hölzchen weg, so daß 3 Quadrate entstehen:

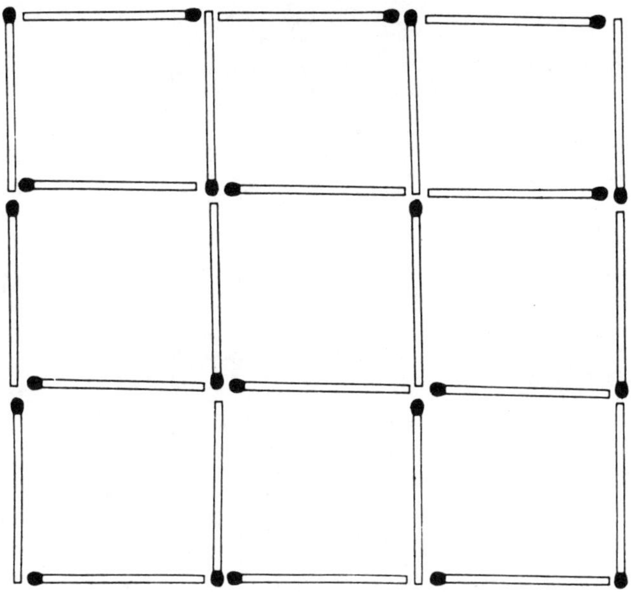

Guantanamera

Traditional

2.
Oh, let me sing before dying
my crimson verse without lying,
my crimson verse without lying,
my verse of green like sighing,
my verse of deep blue like crying.

3.
I am a man who is going
back where the palm trees are growing,
back where the palm trees are growing,
could you just be here, my friend,
to hold a dying man's hand.

Gute Nacht Freunde

Text: Alvons Yondrascheck

Musik: Reinhard Mey

2.
Habt Dank für die Zeit, die ich mit verplaudert hab'
und für eure Geduld, wenn's mehr als eine Meinung gab.
Dafür, daß ihr nie fragt, wann ich komm' oder geh',
für die stets offene Tür, in der ich jetzt steh'.

Gute Nacht . . .

3.
Für die Freiheit, die als steter Gast bei euch wohnt.
Habt Dank, daß ihr nie fragt, was es bringt, ob es lohnt.
Vielleicht liegt es daran, daß man von draußen meint,
daß in euren Fenstern das Licht wärmer scheint.

Gute Nacht . . .

Herz ist Trumpf

Text und Musik: S. Remmler/Kralle

2.
Ich schau' mir gerne Schaufenster in
Möbelläden an, was dann, was dann,
ich denk' auch viel an Autos, die ich mir
nicht leisten kann, was dann, was dann,
dann geh' ich schnell nach Haus', denn
jetzt fängt Fernseh'n an, was dann,
was dann.
Du rufst nicht an und ich bleib' am
Boden kleben,
es hat sich ausgeschwebt mit
Schweben, Herz ist Trumpf.

Dann rufst du an . . .

3.
Ich träume immerzu von einem
Liebeslexikon, was dann, was dann,
es läuft nichts in der Richtung, deshalb
träum' ich ja davon, was dann, was dann,
dann schenk' ich manchmal nach, damit
ich schlafen kann, was dann, was dann.

Dann rufst du an . . .

Heute hier, morgen dort

Text und Musik: G. Bolstadt

Subtext: Hannes Wader

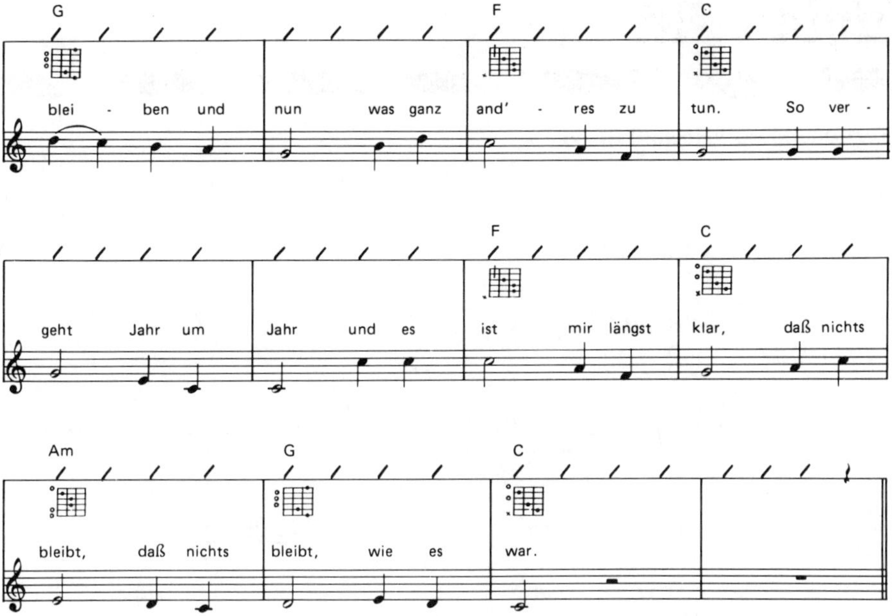

2.
Daß man mich kaum vermißt,
schon nach Tagen vergißt,
wenn ich längst wieder anderswo bin,
stört und kümmert mich nicht,
vielleicht bleibt mein Gesicht
doch dem ein' oder and'ren im Sinn.

Manchmal träume ich . . .

3.
Fragt mich einer, warum
ich so bin, bleib ich stumm,
denn die Antwort darauf fällt mir schwer.
Denn was neu ist wird alt
und was gestern noch galt,
stimmt schon heut' oder morgen nicht mehr.

Manchmal träume ich . . .

Hold tight

Text und Musik: Howard Blaikey

Lege 3 Hölzchen dazu, so daß 3 Vierecke entstehen:

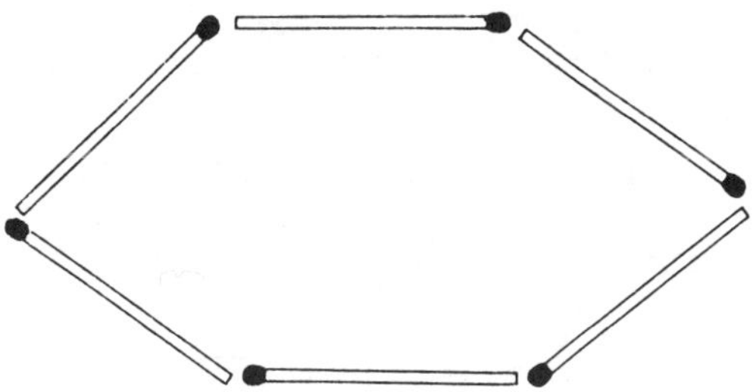

Hymn

Text und Musik: John Lees

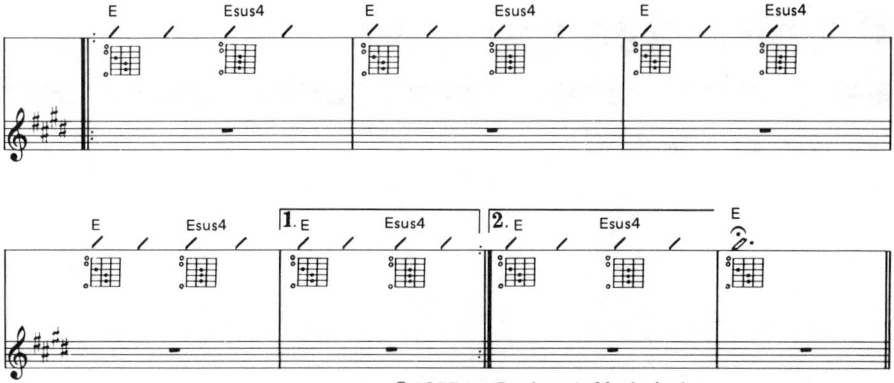

2.
Jesus came down from Heaven to earth.
The people said it was a virgin birth.
Jesus came down from Heaven to earth.
The people said it was a virgin birth.
The people said it was a virgin birth.

3.
He told great stories of the Lord,
and said He was the saviour of us all.
He told great stories of the Lord,
and said He was the saviour of us all,
and said He was the saviour of us all.

4.
For this we killed Him, nailed Him up high.
He rose again as if to ask us why.
Then He ascended into the sky.
As if to say in God alone you soar.
As if to say in God alone we fly.

5.
Wie Strophe 1.

If you leave me now

Text und Musik: Peter Cetera

Eb9
Ebm7
Abm
A love like ours is love that's hard to find.
We've come too far to leave it all be-hind.
Eb
Gm7
Eb
How could we let it slip a - way.
How could we end it all this way?
1. Bb
Csus
D7
2. Bb
When to - mor -
Dm7
Gm7
Cm
Dm
row comes, then we'll re - gret the things we said to - day.
Ebm
to Coda
F7-9
Bbmaj7
Gm7
Dm7
Gm7
C
F

Bb Gm7 C7 F Bb F Bb
D. S. al Coda
mit Wiederholungen
Coda Ebm Bbmaj7 Gm7
If you leave me now, you'll take a - way the big - gest part
Dm7 Gm7 C7
of me. Ooh, no, ba - by, please
F Bb Gm7 C7 F
don't go.
Bb F/Bb Bb F/Bb Bb F/Bb Bb Gm7 C7
Ooh, girl, I've
Sweet ma - ma, just
F Bb Gm7 C7
got to have you by my side.
got to have your love in - side me.

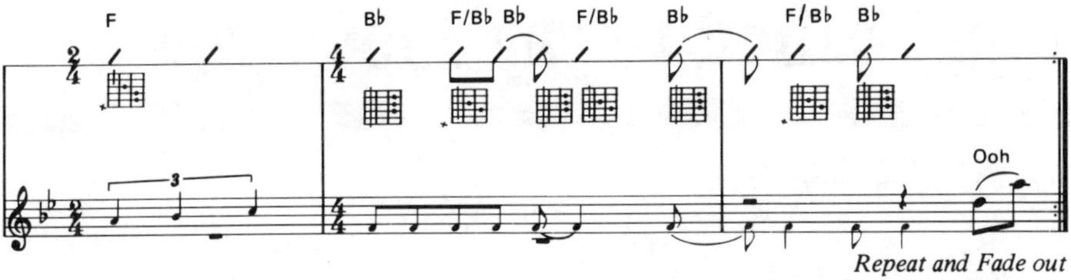

Das Funkerspiel

Bitte die Mitspieler sich im Kreis aufzustellen und durchzuzählen. Jeder Teilnehmer muß sich seine Nummer und die Zahlen seiner Mitspieler genau merken, denn während des Spiels sprechen sich die Teilnehmer nur mit diesen Nummern an.
Los geht's! Du sendest einen Funkspruch an einen beliebigen Teilnehmer ab: „Hauptfunker 1 an Hauptfunker 7!" Dabei hälst du dir beide Daumen an die Schläfen und winkst mit beiden Händen. Gleichzeitig müssen die Nebenfunker (die links und rechts sitzenden Nachbarn) diese Bewegung mitmachen – aber nur mit der Hand, die dem Hauptfunker zugewandt ist.
Nun ist der angepeilte Hauptfunker an der Reihe: „Hauptfunker 7 an Hauptfunker 4!" Auch er legt die Daumen an die Schläfen und winkt mit den Händen. Natürlich müssen auch seine Nebenfunker die Bewegung mitvollziehen usw.
Wer einen Fehler macht und seine Haupt- oder Nebenfunkeraufgaben nicht wahrnimmt, wenn er angesprochen wird, scheidet aus und setzt sich außerhalb des Kreises.
Dabei muß er seinen Namen in folgenden Satz einbauen:
„Als Funker war der/die . . . . . beschissen,
d'rum wird er/sie aus dem Spiel geschmissen!"
Wenn der erste Spieler den Kreis verläßt, müssen die anderen höllisch aufpassen, denn erstens ist es ein Fehler, wenn man einen bereits ausgeschiedenen Funker anpeilt, und zweitens entstehen neue Haupt- und Nebenfunker-Verhältnisse! Das Spiel ist beendet, wenn nur noch drei Funker im Kreis sitzen.
Es kann nicht schaden vor dem eigentlichen Spielbeginn mit zwei oder drei Funksprüchen zu testen, ob alle die Regeln verstanden haben.

I just called to say I love you

Text und Musik: Stevie Wonder

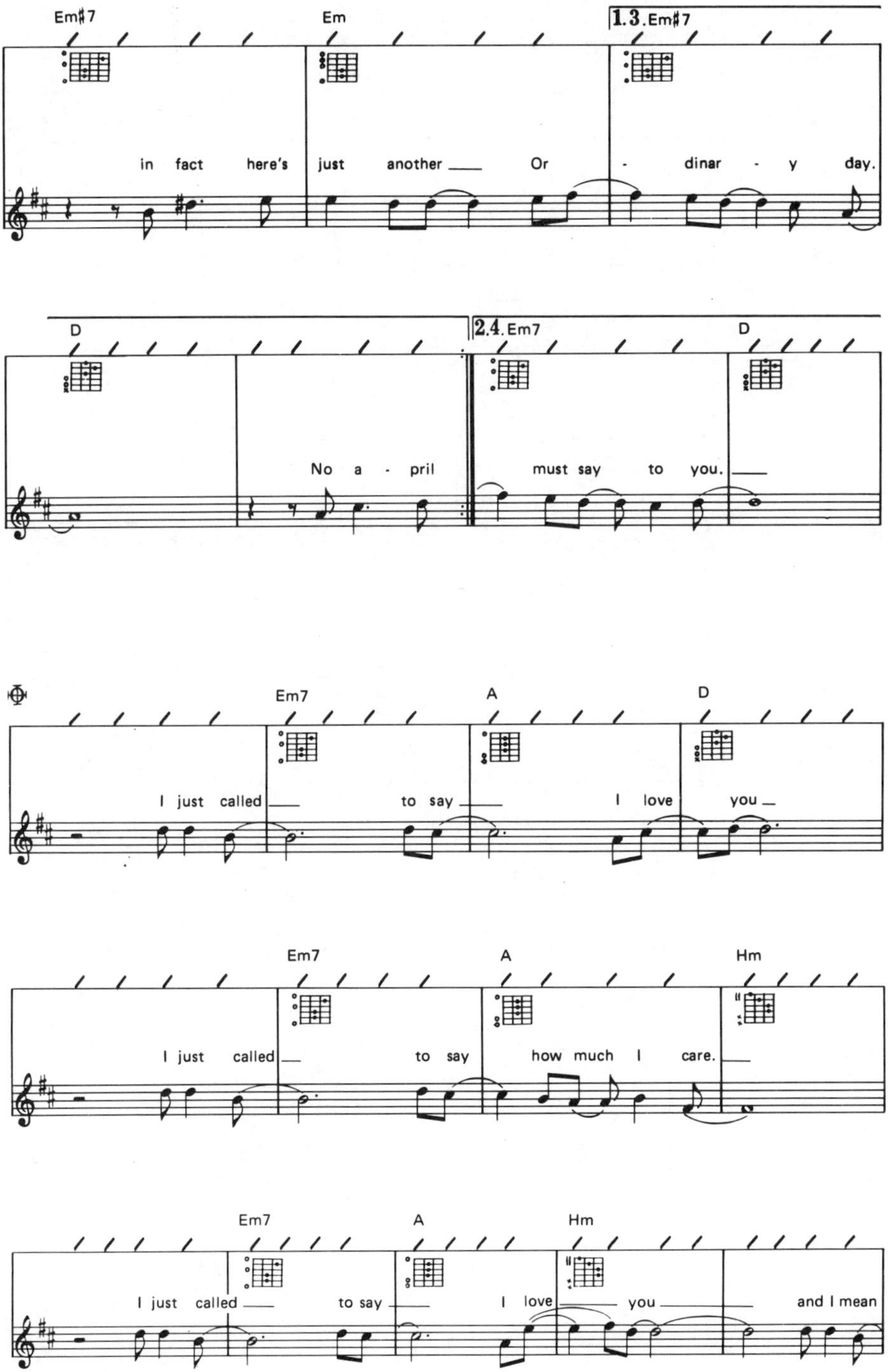
Em♯7
Em
1.3. Em♯7
in fact here's just another Or - dinar - y day.
D
2.4. Em7
D
No a - pril must say to you.
Em7
A
D
I just called to say I love you
Em7
A
Hm
I just called to say how much I care.
Em7
A
Hm
I just called to say I love you and I mean

Em7 A7/4 A7 D
it from the bot - tom of my heart
3. No sum - mers
3 x D. S. dann
Fm7 B♭ E♭
I just called to say I love you
Fm7 B♭ Cm
I just called to say now much I care I do
Fm7 B♭ Cm
I just called to say I love you
Fm7 B♭7/4 B♭7
and I mean it from the bot - tom of my
E♭ E F♯m7 H
heart. I just called to say I love
E F♯m7 H
you I jurt called to say how much I care

2.
No april rain
no flowers bloom
no wedding saturday
within the month of june
but what it is, is something true,
made up of these three words
that I must say to you.

3.
No summers high,
no warm july.
no harvest moon to light
one tender august night.
No autumn breeze,
no falling leaves,
not even time for birds
to fly to southern skies.

4.
No libra sun, no haloween,
no giving thanks to all the
Christmas joy you bring.
But what it is, though old so new,
to fill your heart like no three
words could ever do.

I'm a believer

Text und Musik: Neil Diamond

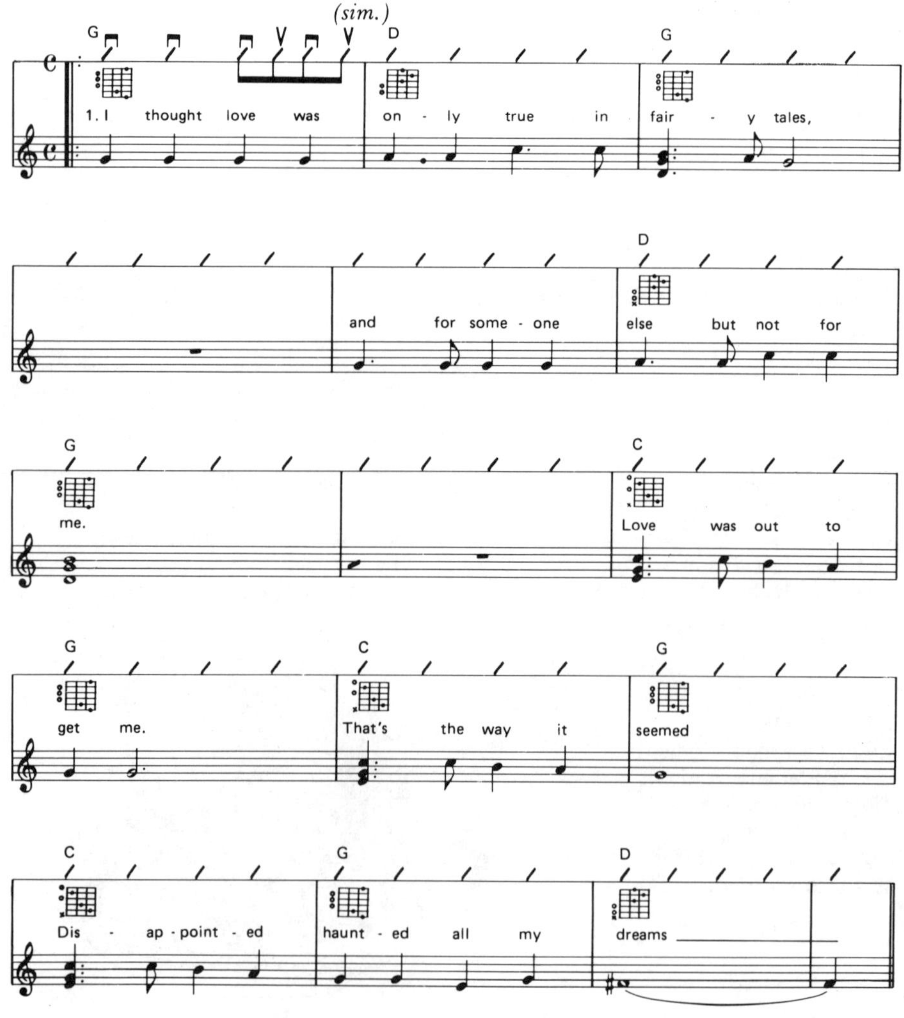

2.
I thought love was more or less a
givin' thing,
seems the more I gave the less I got.
What's the use in tryin'? All you
get is pain,
when I needed sunshine I got rain.

Imagine

Text und Musik: John Lennon

2.
Imagine there's no countries,
it isn't hard to do.
Nothing to kill and die for,
and no religion too.
Imagine all the people,
living life in peace.

Aha you may . . .

3.
Imagine no possessions,
I wonder if you can.
No need for greed or hunger
a brotherhood of man.
Imagine all the people,
sharing all the world.

Aha you may , . .

Five hundred miles

Traditional

2.
Lord I'm one, Lord I'm two,
Lord I'm three, Lord I'm four,
Lord I'm five hundred miles from home,
five hundred miles, five hundred miles,
five hundred miles, five hundred miles,
Lord I'm five hundred miles from home.

3.
Not a shirt on my back,
not a penny to my name,
Lord I can't go at home this way.
This way, this way, this way, this way,
Lord I can't go at home this way.

It never rains in Southern California

Text und Musik: A. Hammond/M. Hazelwood

D G Am7
Sure rang true.
give me a break.
Seems it nev - er rains in South -
D G Am7
ern Cal - i - forn - ia
Seems I've oft - en heard that kind
D G Am7
of talk be - fore,
it nev - er rains in Cal - i - forn -
D G Am7
ia, But girl, Don't they warn ya it pours,
D G Am7
fade
man it pours.
Out of work I'm out of my head
D G
Out of self re - spect I'm out of bread,
I'm un - der

Wer das letzte Hölzchen nimmt

Auf dem Tisch liegen 15 Streichhölzer. Jeder Spieler darf abwechselnd 1 bis 3 Hölzchen wegnehmen. Wer das letzte nimmt hat verloren!
Was mußt du tun, um nie zu verlieren?

Jamaica farewell

Karibisches Volkslied

2.
Sounds of laughter ev'ry where
and the dancing girls swaying to and fro.
I must declare, my heart is there,
tho' I've been from Maine to Mexico.

But I'm sad to say . . .

3.
Down at the market you can hear
ladies cry out while on their heads
they bear,
ackey rice, salt fish are nice,
and the rum is fine any time of year.

But I'm sad to say . . .

Jenifer Juniper

Text und Musik: Donovan Leitch

2. G C D7 G
I'm thinking of what it would be like it she loved me.
D Em Hm C
You know just late - ly this hap-py song it came a - long and I
D7 G
had to some how try and tell you.
Je - ni - fer Ju - ni - per
Je - ni - fer Ju - ni - per
D7 G
hair of golden flax, Je - ni - fer Ju - ni - per
vit sur la col - line, Je - ni - fer Ju - ni - per as -
D7 G D7
longs for what she lacks. Do you like her? Yes I do Sir.
si - se tres tranquille. Dort elle? Je ne crois pas.
G D7 C D7
Would you love her? Yes I would Sir. Whatcha doing Je - ni - fer my love?
Respiret elle? Qui, mais tout bas. Questce que tu fais, Jen - ny mon a - mour?

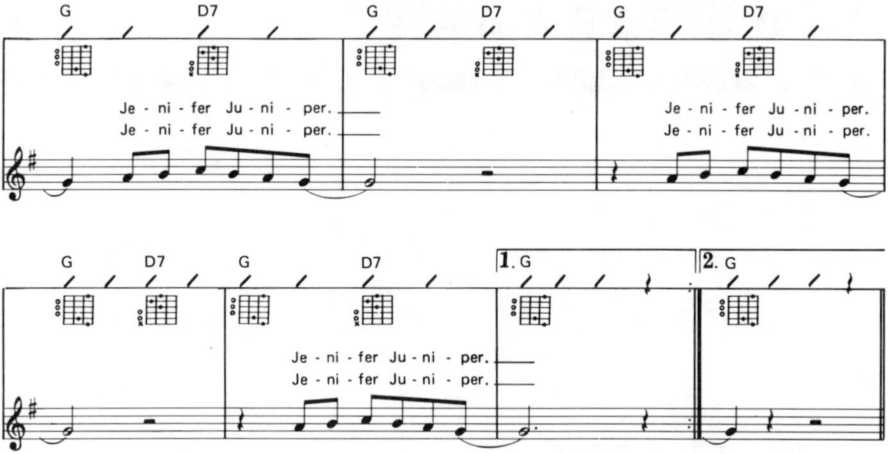

Lege 2 Hölzchen um, so daß 11 Quadrate entstehen:

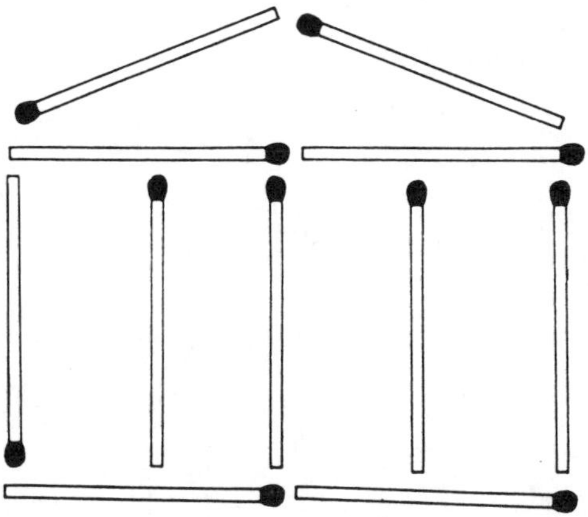

John Brown's body

Traditional

2.
He's gone to be a soldier in the army of the Lord,
he's gone to be a soldier in the army of the Lord,
he's gone to be a soldier in the army of the Lord.
His soul goes marching on.

3.
John Brown's body knapsack is strapped upon his back,
John Brown's body knapsack is strapped upon his back,
John Brown's body knapsack is strapped upon his back.
His soul goes marching on.

4.
John Brown died that the slaves might be free,
John Brown died that the slaves might be free,
John Brown died that the slaves might be free.
But his soul goes marching on.

5.
The stars above in Heaven now are looking kindly down,
the stars above in Heaven now are looking kindly down,
the stars above in Heaven now are looking kindly down.
On the grave of old John Brown.

Jolene

Text und Musik: Dolly Parton

C
Dm
iv - ry skin and eyes of em'rald green. ___
He's the on - ly one for me, Jo - lene. ___
Your
I
F
C
Dm
smile is like a breath of spring, your voice is soft like summer rain and
had to have this talk with you, my hap - pi - ness de - pends on you and
C
Dm
I can - not com - pete with you ___ Jo - lene.
what ever you de - cide to do, Jo - lene.
F
He talks a - bout you in his sleep and there's
C
Dm
C
nothing I can do to keep from cry - in' when he calls your na - me,
Dm
F
Jolene. ___ And I can eas - 'ly under - stand how

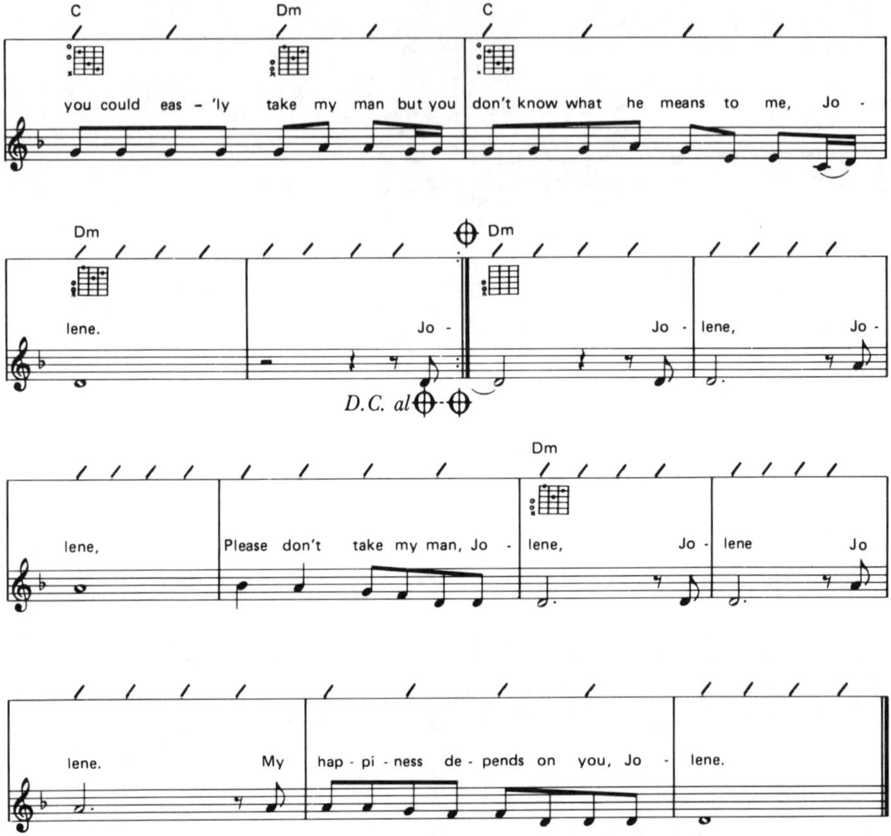

Das Brückenspiel

Baue mit vier Streichhölchen eine Brücke:
Abstand der Schachtelteile etwa 1,5 Streichholzlängen.

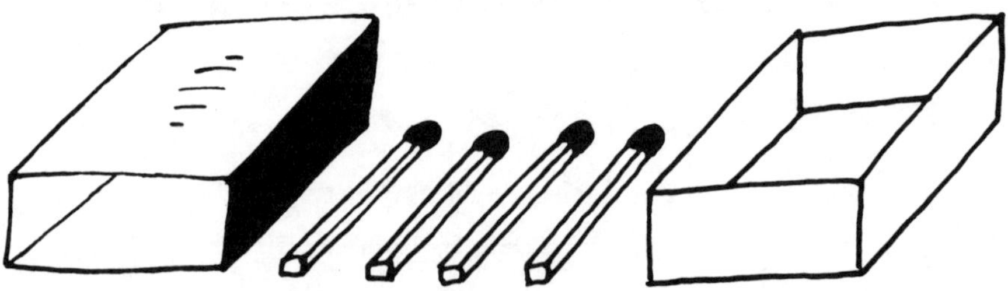

Kein schöner Land

Text: W. von Zuccalmaglio

Musik: Volkslied

2.
Da haben wir so manche Stund'
gesessen da in froher Rund'
und taten singen;
die Lieder klingen im Eichengrund'.

3.
Daß wir uns hier in diesem Tal
noch treffen so vielhundertmal,
Gott mag es schenken,
Gott mag es lenken, er hat die Gnad'.

4.
Nun, Brüder, eine gute Nacht!
Der Herr im hohen Himmel wacht;
in seiner Güte
uns zu behüten, ist er bedacht.

Katrin

Text: R. Hömig/H.R. Knipp/E. Stoklosa

Musik: T. Engel/G. Lückerath/H. Pries/P. Schütten/W. Schnitzler/E. Stoklosa

2.
Engel met jold blonde Hoore,
ich son dich vun drusse do ston.
Mi Hätz dat su lang deefjefrore,
dat schmilz wie ies en d'r Sonn.
Un dä Duff en d'r Luff
ich jing ren un du häs mich bedeent,
sats: Hello again! Et wor jo su schön
da Moment nohdem ich mich jesehnt.

Kennt ji dat niege Land

Deutsches Volkslied

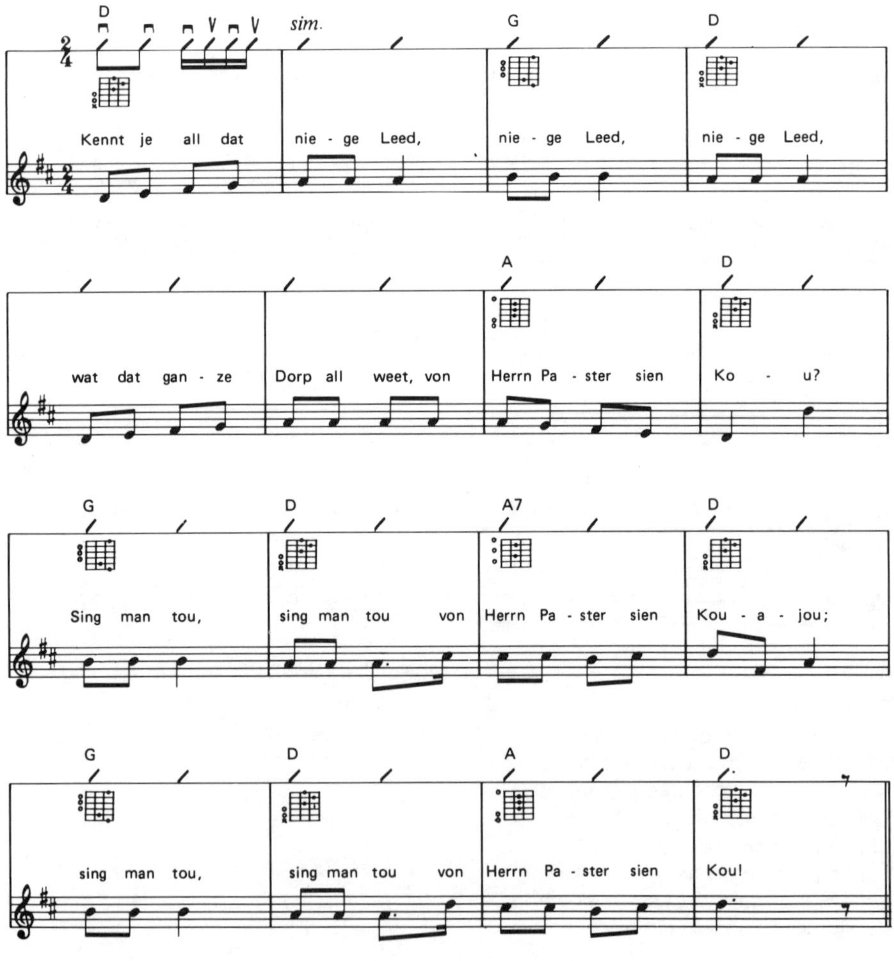

2.
Ostern war se dick un prall,
Pfingsten leeg se dot in'n Stall.

3.
As se wär in Stückn snädn,
hätt dat ganze Dörp wat krägn.

4.
Unse Küster, gornich übel,
kreeg een niegen Tobaksbüdl.

5.
Un de Küster Flogeland
kreeg een niegen Glockenstrang.

6.
Un de ole Füerwehr
kreeg een Pott vull Wogensmeer.

7.
Un de ole Stadtkapell
kreeg een niege Trummelfell.

8.
Un de ole Engelsmiss
kreeg een nieget Teengebiss.

9.
Müllers J'hann, de Smittgesell,
kreeg een nieget Schortenfell.

10.
Jochen Sleef, de Tränksoldat,
kreeg enn Pott vull Mulsalat.

11.
Nawers Jung keel övern Tuhn,
har int Muhl so'n Stück Kaldun.

12.
Den Brägen, wo de Verstand inseeten,
geef man een splienigen Minsch tou freeten.

13.
Den Weert wör de Galle rech,
de Bittern smeck davun nich slech.

14.
De Schulte freet am allermeersten,
sien Buk, de wull em grode beersten.

15.
För de armen Doudengräwer
bleef rein nix tou groben over.

16.
De Seele steeg den Himmel tou,
denn't wehr jo von'n Pastorenkou.

Kriminaltango

Text: Aldo Locatelli
Subtext: Kurt Feltz

Musik: Piero Trombetta

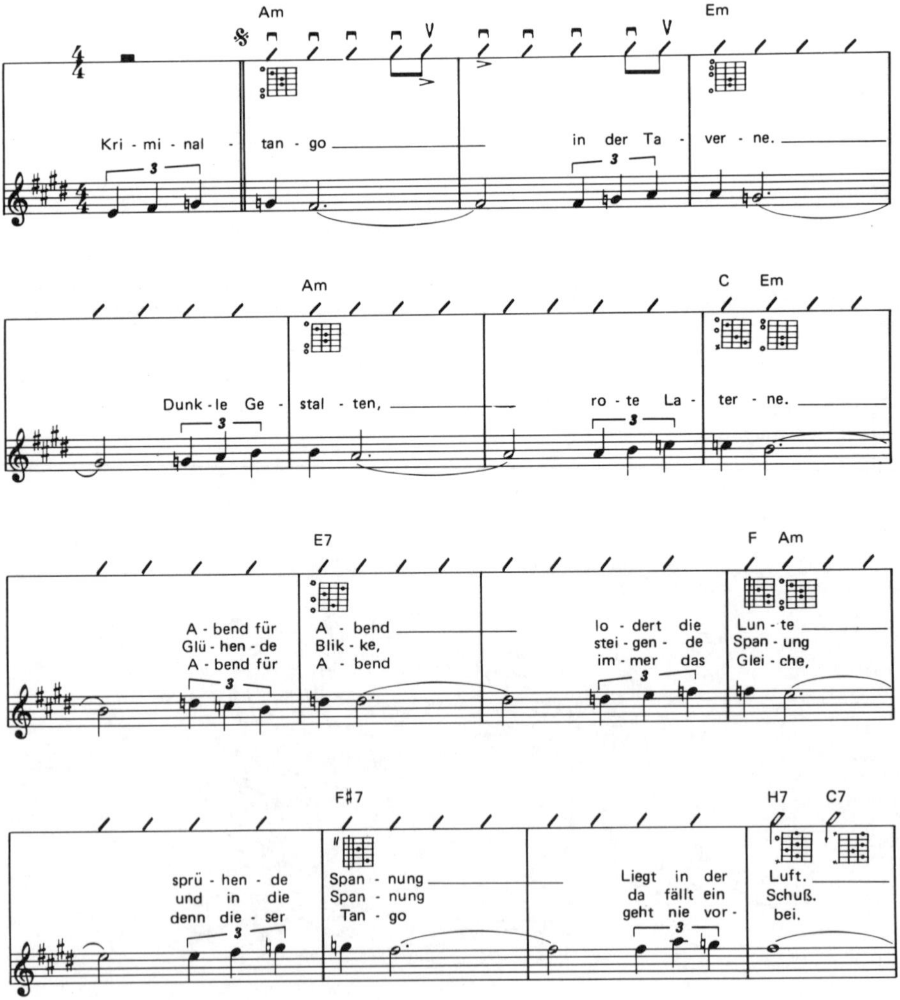

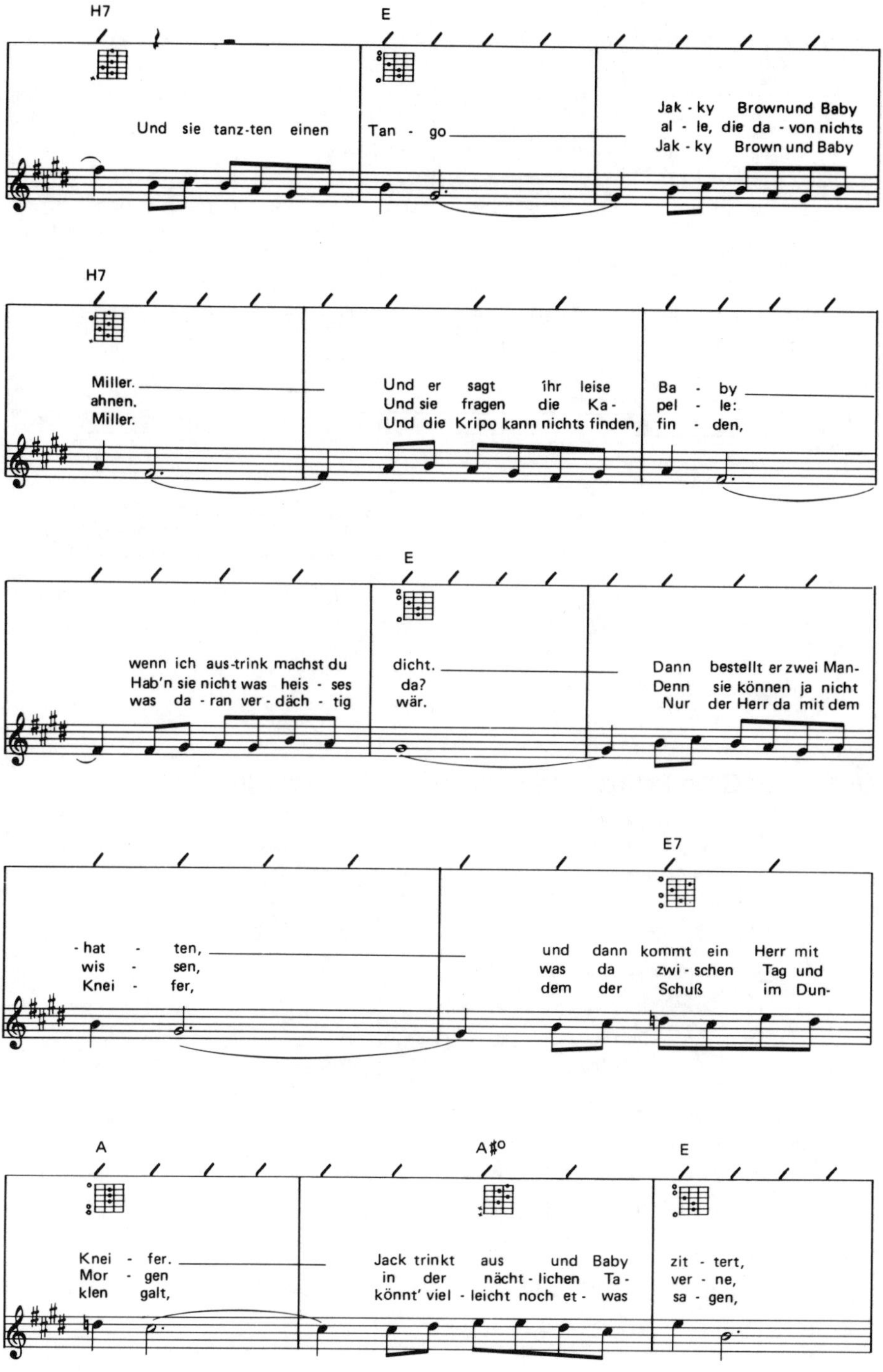
H7
E
Und sie tanz-ten einen Tan - go
Jak - ky Brownund Baby
al - le, die da - von nichts
Jak - ky Brown und Baby
H7
Miller.
ahnen.
Miller.
Und er sagt ihr leise Ba - by
Und sie fragen die Ka - pel - le:
Und die Kripo kann nichts finden, fin - den,
E
wenn ich aus-trink machst du dicht.
Hab'n sie nicht was heis - ses da?
was da - ran ver - däch - tig wär.
Dann bestellt er zwei Man-
Denn sie können ja nicht
Nur der Herr da mit dem
E7
- hat - ten,
wis - sen,
Knei - fer,
und dann kommt ein Herr mit
was da zwi - schen Tag und
dem der Schuß im Dun-
A
A♯o
E
Knei - fer.
Mor - gen
klen galt,
Jack trinkt aus und Baby zit - tert,
in der nächt - lichen Ta - ver - ne,
könnt' viel - leicht noch et - was sa - gen,

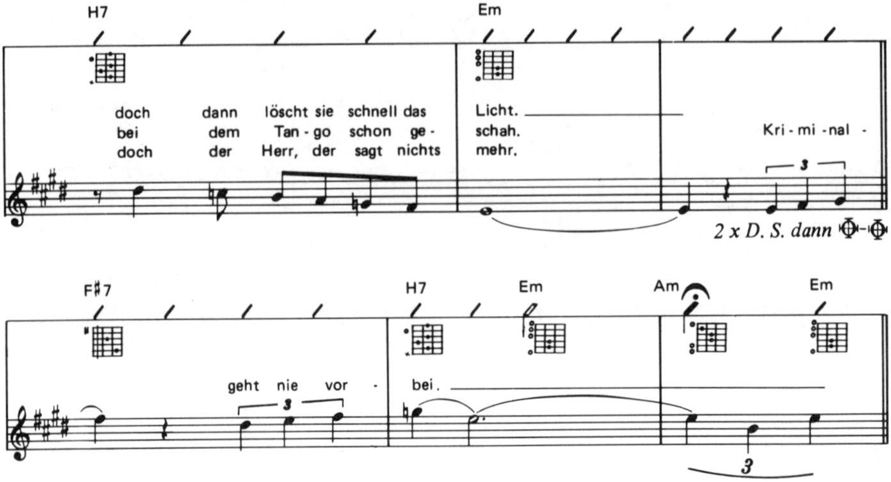

Den Tango-Grundschritt findet ihr auf der Seite daneben.

Der Tango

Bei den Herren beginnt der weiße Fuß bei den Damen der schwarze!

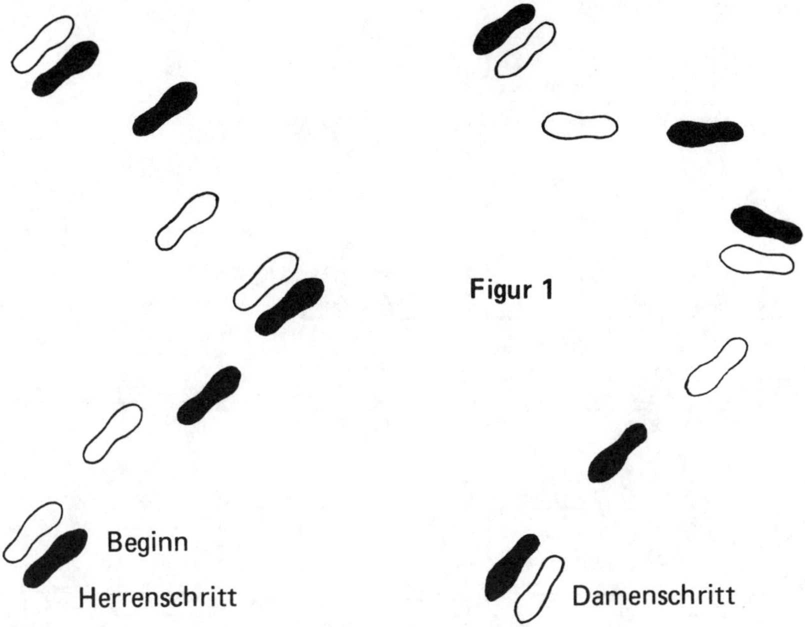

Figur 1

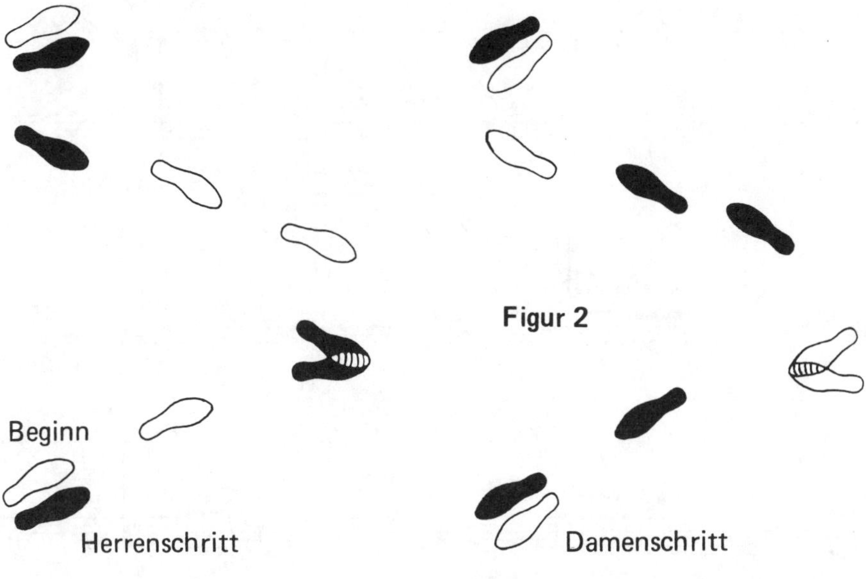

Figur 2

La cucaracha

Mexikanisches Volkslied

2.
Cuando uno quiere a una y esta una no lo quiere,
es lo mismo que si un calvo en la calle encuentra un peine.

3.
Mi vecina de enfrente se llamaba Dona Clara,
y si no estuviera muerta es probable se llamaba.

4.
Ya murió la cucaracha, y la llevan a enterrar,
entre cuatro zopilotes y un ratón de sacristan.

La paloma

Traditional

Am7 D7 Am7 D7 Am7 D7
ay, que ven - te con - mi - go chi - ni - ta a don - de vi - vo
G C G
yo Ay, chi ni - ta que si,
D7 Am7 D7
ay, que da - me tu a - mor, ay, que ven - te con -
Am7 D7 Am7 D7 G
mi - go chi - ni - ta a don - de vi - vo yo.

Laß mich dein Pirat sein

Text: Rolf Brendel

Musik: N. Kerner/R. Brendel

C
F
Lüf - ten voll Sehn - sucht ruf' ich dei - nen Na - men
C
wir wer - fen un - ser Geld zu - sammen.
Em
C
Für dich mach' ich ver - rück - te Sa - chen .
ich le - ge dir die Welt
D
Em
zu Fü - ßen und hol' für dich den Stern vom Him - mel um
Fmaj7
C
F
C
dich ein ein - zi - ges Mal zu küs - sen.
F
C
F
Solo
C
F

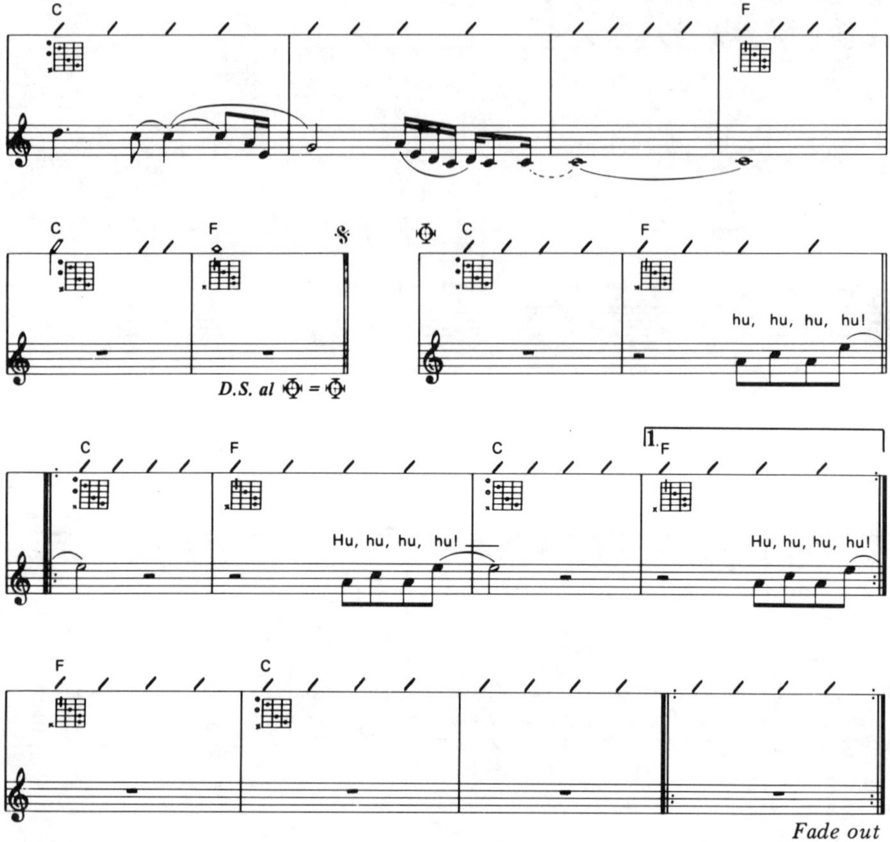
C
F
C
F
D.S. al
C
F
hu, hu, hu, hu!
C
F
Hu, hu, hu, hu!
C
1. F
Hu, hu, hu, hu!
F
C
Fade out

Live is life

Text: Ewald Pfleger

Musik: Opus

Am F Dm G
minute of an hour don't think about a rest and you
minute of a future is a memory of the past 'cause we
Am F Dm G
all get the power you all get the best. When
all gave the power we all gave the best. And
Am Dm F
ev'ry - one gives ev'rything and ev'ry song ev' - ry -
ev'ry - one gave ev'rything and ev'ry song ev' - ry -
G Am Dm G4
body sings: Then its live Na Na Na Na Na
body sang:
G Am Dm G4
Live is life Na Na Na Na Na
G Am Dm G4
Live is life Na Na Na Na Na

G Am Dm G4 G
La Be Da Ba Bab live Na Na Na Na Na Live is
C Dm7 G4 G
life. When we all feel the power live is
C Dm7 G4 G
life Come on stand up and dance Live is
C Dm7 G4 G
life when the feeling of the people live is
C Dm7 G4 G
life is the feeling of the band, And you
D. S. al
G C
live is life.

Leaving on a jet plane

Text und Musik: John Denver

2.
There's so many times I've let you down,
so many times I've played around,
I tell you now they don't mean a thing.
Ev'ry place I go I'll think of you,
ev'ry song I sing I'll bring your
wedding ring.

So kiss me . . .

3.
Now the time has come to leave you,
one more time let me kiss you,
then close your eyes, I'll be on my way.
Dream about the days to come,
when I won't have to leave alone,
about the times I won't have to say.

So kiss me . . .

Like a rolling stone

Text und Musik: Bob Dylan

G
F
ev - 'ry bo - dy that was
hang - in' out.
Now you
C
F
C
F
don't
talk so loud,
now you
C
F
C
F
don't
seem so proud
a - bout
G
har - ing to be
scroung - ing
for your next
meal.
C
How does it
3
feel,
F
G
F
C
F
How does it
3
feel

2.
You've gone to the finest school
all right Miss Lonely
but you know you only used to get
juiced in it.
And nobody's ever taught you how
to live on the street
and now you're gonna have to get used
to it.
You said you'd never compromise
with the mystery tramp, but now
you realize
he's not selling any alibis
as you stare into the vacuum of his eyes
and ask him do you want to make a deal?

How does it feel, . . .

3.
You never turned around to see the frowns
on the jugglers and the clowns
when they all come down
and did tricks for you.
You never understood that it ain't no good
you shouldn't let other people
get you kicks for you.
You used to ride on the chrome horse
with your diplomat
who carried on his shoulder a Siamese cat,
ain't it hard when you discovered that
he really wasn't where it's at
after he took from you everything
he could steal.

How does it feel, . . .

4.
Princess on the steeple
and all the pretty people're drinkin', thinkin'
that they got made it
that they got it made.
Exchanging all kinds of precious gifts and things
but you'd better lift your diamond ring,
you'd better pawn it babe,
you used to be so amused
at Napoleon in rags and the language that he used
go to him now, he calls you, you can't refuse
when you got nothing, you got nothing to lose,
you're invisible now, you got no secrets to conceal.

How does it feel, . . .

Lustig ist das Zigeunerleben

Deutsches Volkslied

2.
Sollt' uns mal der Hunger plagen,
geh'n wir, uns ein Hirschlein jagen.
Hirschlein, nimm dich wohl in acht,
wenn des Jägers Büchse kracht.

3.
Sollt' uns mal der Durst sehr quälen,
geh'n wir hin zu Wasserquellen,
trinken das Wasser wie Moselwein,
meinen, es dürfte Champagner sein.

4.
Wenn uns tut der Beutel hexen,
lassen wir uns're Taler wechseln,
treiben die Zigeunerkunst,
da kommen die Taler wieder all zu uns.

5.
Wenn wir auch kein Federbett haben,
tun wir uns ein Loch ausgraben,
legen Moos und Reisig 'nein,
das soll unser Federbett sein.

Matilda

Karibisches Volkslied

2.
Well the money was just inside me bed.
Stuck up in the pillow beneath me head.
Matilda she take me money
and run Venezuela.

Matilda, . . .

3.
Well, me friends never to love again,
all me money gone in vain,
Matilda she take the money
and run Venezuela.

Matilda, . . .

Mandy

Text und Musik: S. English/R. Kerr

Lege 6 Hölzchen weg, so daß 2 Quadrate entstehen:

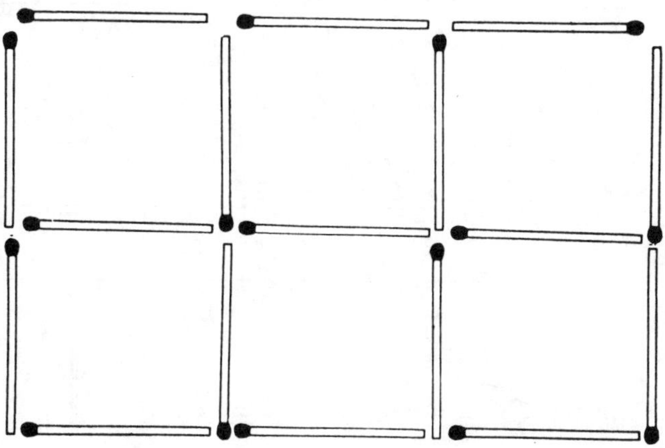

Marmor, Stein und Eisen bricht

Text: Günter Loose

Musik: C. Bruhn/D. Deutscher

2.
Kann ich einmal nicht bei dir sein,
dam, dam; dam, dam.
Denk' daran, du bist nicht allein!
Dam, dam; dam, dam.

Marmor, Stein und Eisen bricht, . . .

3.
Nimm den goldenen Ring von mir,
dam, dam; dam, dam.
Bist du traurig, dann sagt er dir,
dam, dam; dam, dam.

Marmor, Stein und Eisen bricht, . . .

Mighty Quinn

Text und Musik: Bob Dylan

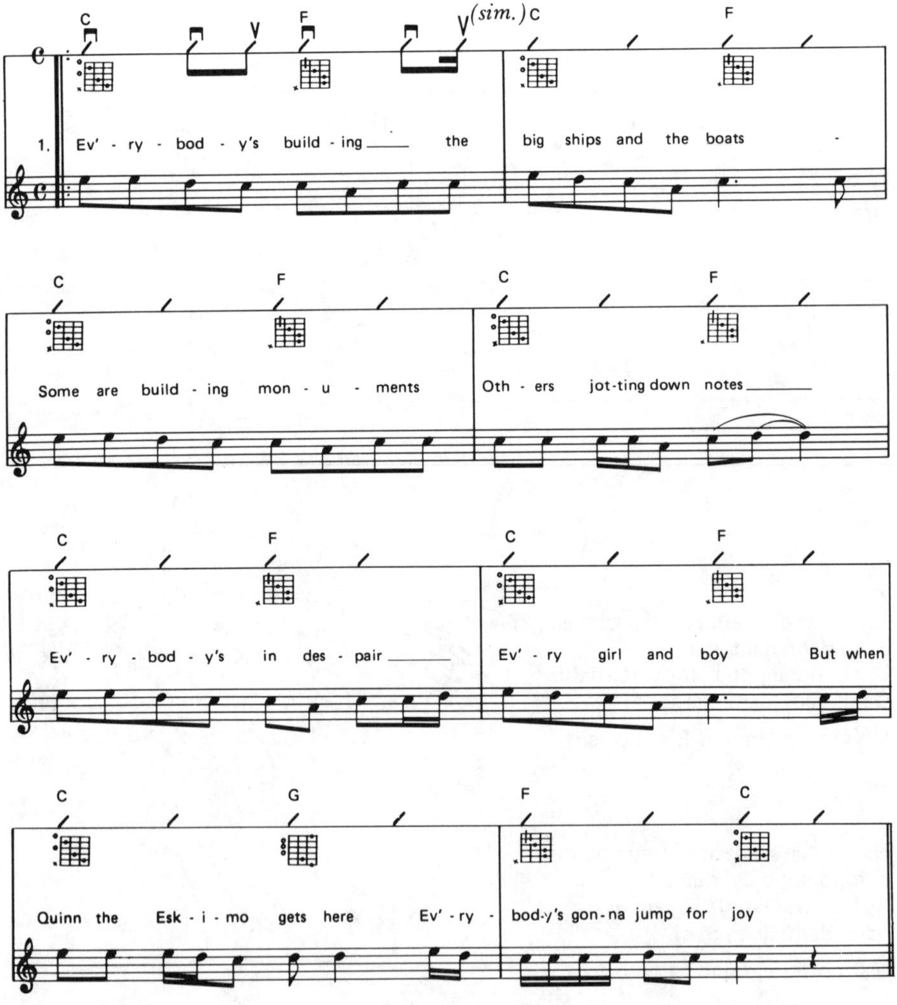

2.
I like to do just like the rest
I like my sugar sweet,
but guarding fumes and
making haste.
It ain't my cup of meat,
ev'rybody's 'neath the trees
feeding pidgeons on a limb
but when Quinn the Eskimo gets here
all the pidgeons gonna run to him.

Monday, monday

Text und Musik: John Phillips

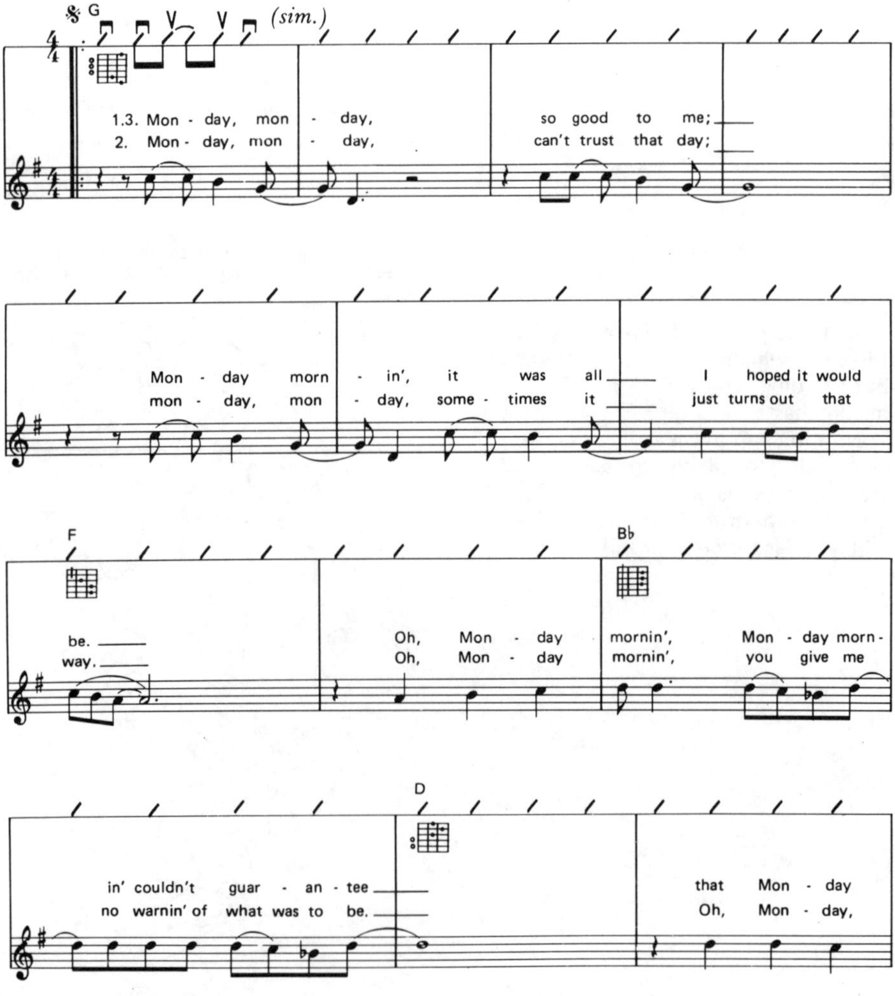

G
Gsus
1. G
2. G
eve - nin' you would
monday how could you
still be here with
leave and not take
me.
me.
A♭
Ev - ry other day, ev - ry
other day, evry other day of the week is
F
A♭
fine,
yeah!
But when ever Monday comes
F
D
G
but whenever Monday come you can find me
cry'n
yeah!
D. S. and fade

Moonlight

Text und Musik: F. Busch/W. Scharfenberger

H7 Hm7 A F♯m Em7 H7
Uh sag mir wa - rum. Die
D E C♯m F♯m
an - dern dür - fen träumen vom Glück im Mon - den-schein, wer
Hm7 E7 A A7
wer weiß, wann es für mich so etwas gibt. Die
D E C♯m F♯m
anderen wis - sen alle wie schön es ist zu zwein wa -
H7 E7
rum bin ich al - lein ? O - oh
A D
Moon - light die Nacht ist schön. Moon - light unsag-bar

A
E7
A G7 F#7
schön
lass mich glücklich sein in deinem
Zau - ber schein,
3
H7
Hm7
A
dann frag ich nicht mehr wa - rum.

ABEND-POST

Mrs. Robinson

Text und Musik: Paul Simon

C D7
know, (Wo, wo, wo) God bless you,
G Em G
please, Mrs. Rob - in - son, Heaven holds a place
Em C Am
for those who pray, (Hey, hey, hey
E
hey, hey, hey We'd
E7
like to know a litt - le bit a - bout you for our files,
A7
We'd like to help you learn to help your -
A9 D7 G
self. Look around you, all you see are

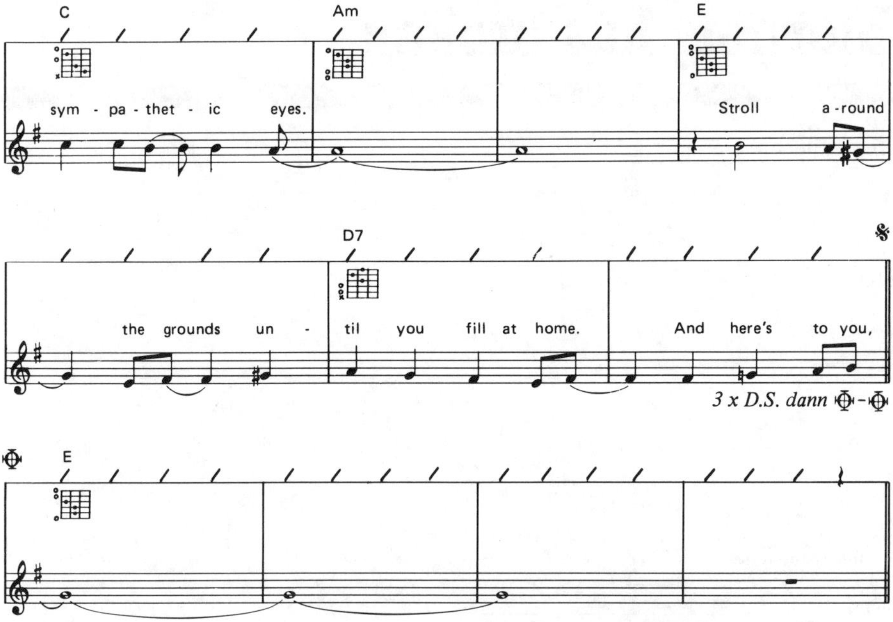

2.
Hide it in a hiding place where no one ever goes,
put it in your pantry with your cup cakes,
it's a little secret, just the Robinson's affair,
most of all, you've got to hide it from the kids.
Coo, coo, ca choo, Mrs. Robinson,
Jesus loves you more than you will know,
wo, wo, wo, God bles you, please Mrs. Robinson,
heaven holds a place for those who pray.
Hey, hey, hey, hey, hey, hey.

3.
Sitting on a sofa on a Sunday afternoon,
going to the candidates' debate,
laugh about it, shout about it, when you've got to choose,
ev'ry way you look at it, you lose.
Where have you gone, Joe Dimaggio?
A nation turns its lonley eyes to you.
Woo, woo, woo. What that you say, Mrs. Robinson,
„Joltin' Joe" has left and gone away.
Hey, hey, hey, hey, hey, hey.

Morning has broken

Text: Eleanor Farjeon

Musik: Cat Stevens

2.
Sweet the rain's new fall, sunlit from heaven,
like the first dewfall on the first grass.
Praise for the sweetness of the wet garden,
sprung in completeness where his feet pass.

3.
Mine is the sunlight, mine is the morning,
born of the one light Eden saw play.
Praise with elation, praise ev'ry morning,
God's recreation of the new day.

Mr. Tambourine man

Text und Musik: Bob Dylan

Das Spiel mit der großen Puste

Für dieses Spiel brauchst du ein Glas oder einen Krug oder noch effektvoller eine große runde Vase und ein Streichholz.
Jetzt kommt deine kühne Behauptung: Meine Puste ist so stark, daß ich das brennende Streichholz (ein Feuerzeug geht auch) durch die Vase (bzw. Glas, Krug, Cola-Dose) ausblasen kann. Ungläubig werden dich deine Partygäste bestaunen. Nutze die Situation und schließe Wetten ab. Du gewinnst immer!
Der Trick ist physikalisch leicht zu erklären. Der Luftstrom folgt der Rundung des Gefäßes auf beiden Seiten und vereinigt sich dahinter wieder. Aber das mußt du ja nicht verraten.

My toot toot

Text und Musik: Sidney Simien

G
toot toot.
But you can look at much
but if you much as touch
D
you're gon - na have yourself a case
G
I'm gon-na break your face
Don't mess with my
toot toot,
don't mess with my
toot toot.
I know you have a - no - ther
D
wo - man
G
so don't mess with my
toot toot.

Neue Männer braucht das Land

Text und Musik: Ina Deter

2.
Male es auf jede U-Bahn,
„Ruf mich unter 3 1 8 an",
drucke mir Demo-Flugblätter,
mit dem Foto vom Erretter.
Und verteile sie vor Karstadt,
„Hab' die Männer noch nicht ganz satt",
setz' es fett in die Bild-Zeitung,
„E-man-ze sucht 'ne Begleitung".

Ich sprüh's auf jede Wand,
„Neue Männer braucht das Land",
ich sprüh's auf jede Wand,
„Neue Männer braucht das Land".

3.
Laß's im Werbefernseh'n laufen,
„Notfalls würd' ich einen kaufen",
singe es von allen Bühnen,
„Große Chancen haben Hünen".
Trage es auf meinem T-Shirt,
„Schreibt mir wer, wo, was von wem hört",
werd 'ne Neonleuchtschrift machen,
„Wenn du so bist wie dein Lachen".

Ich sprüh's auf jede Wand, . . .

4.
Möchte ich dich wiederseh'n,
mit dir schwimmen nach Athen,
sogar mit dir früh aufsteh'n,
sogar mit dir untergeh'n.

Ich sprüh's auf jede Wand, . . .

99 Luftballons

Text: Carlo Karges

Musik: Jörn-Uwe Fahrenkrog-Petersen

sim.
E F♯m A H7
Neunundneun - zig Luftballons auf ihrem Weg zum Ho - ri - zont hielt
Neunundneun - zig Kriegs - mini - ster Streich - holz und Benzin - kani - ster
E F♯m A H7
man für U - fo's aus dem All, da - rum schickte ein Ge - ne - ral 'ne
hiel - ten sich für schlaue Leu - te wit - ter - ten schon fet - te Beu - te,
E F♯m A H7
Fliegerstaf - fel hin - ter - her A - larm zu ge - ben, wenn's so wär da -
riefen: Krieg und woll - ten Macht, man, wer hät - te das ge - dacht,
E F♯m A H7
bei war'n da am Ho - ri - zont nur neunundneun - zig Luft - ballons
daß es ein - mal so weit kommt wegen neunundneun - zig Luft - ballons
E F♯m A H7 E F♯m A H7
we - gen neunundneun - zig Luft - ballons.
E F♯m A H7
Neunundneun - zig Dü - sen - jä - ger je - der war ein gro - ßer Krie - ger

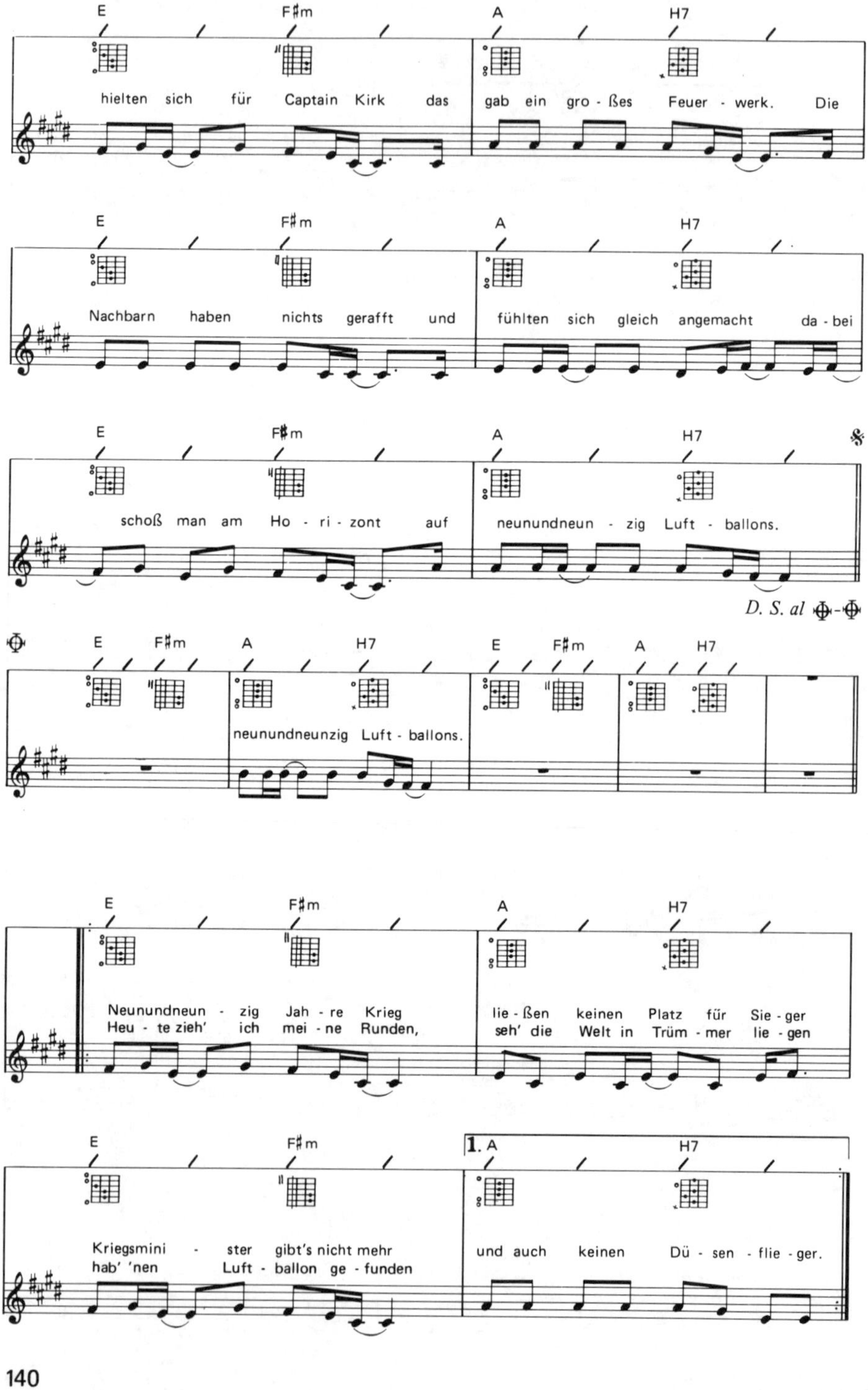
E F♯m A H7
hielten sich für Captain Kirk das gab ein gro - ßes Feuer - werk. Die
E F♯m A H7
Nachbarn haben nichts gerafft und fühlten sich gleich angemacht da - bei
E F♯m A H7
schoß man am Ho - ri - zont auf neunundneun - zig Luft - ballons.
D. S. al
E F♯m A H7 E F♯m A H7
neunundneunzig Luft - ballons.
E F♯m A H7
Neunundneun - zig Jah - re Krieg lie - ßen keinen Platz für Sie - ger
Heu - te zieh' ich mei - ne Runden, seh' die Welt in Trüm - mer lie - gen
E F♯m 1. A H7
Kriegsmini - ster gibt's nicht mehr und auch keinen Dü - sen - flie - ger.
hab' 'nen Luft - ballon ge - funden

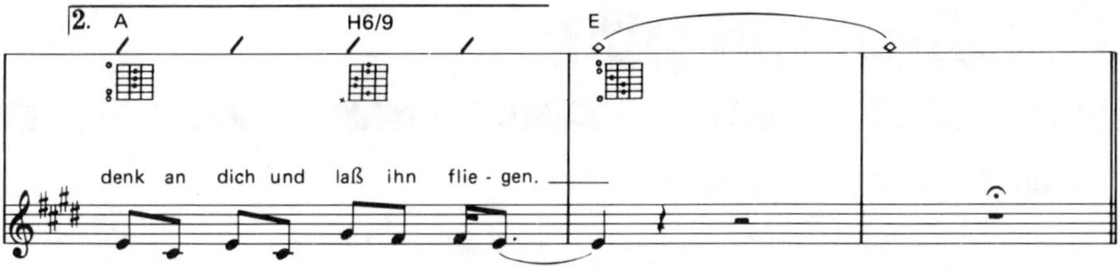
2.
A
H6/9
E
denk an dich und laß ihn flie - gen.

BIER

Needles and pins

Text und Musik: J. Nitzische/S. Bon

D (F♯)
pride
The tears I gotta
E7 (G♯7)
hide.
2. Hey I thought I was smart
A
I'd won her heart
didn't think I'd
F♯m
do But now I
see she's worse to him than
A
me let her go a -
head Take his love in -
F♯m
stead. And one day she will
see just how to say
A
please
and get down on her
F♯m
knees.
Hey that's how it begins
D
a
She'll feel those need - les and

Das Pfennig-Kreuz

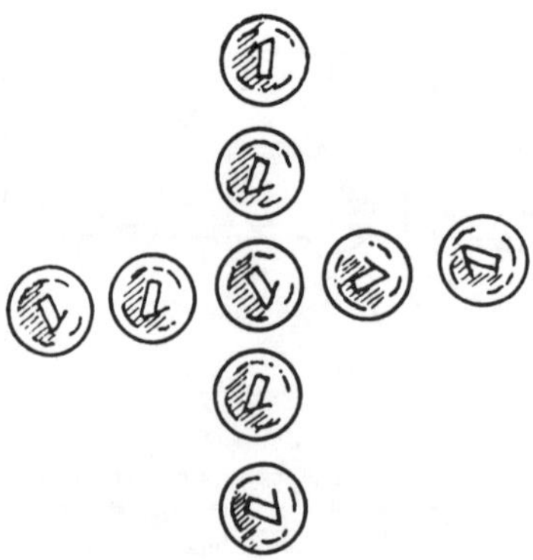

Du legst neun Pfennige auf den Tisch (siehe Abbildung). Nimm die oberste und unterste Münze weg. Wie mußt du dies machen, damit trotzdem in jeder Reihe fünf Münzen liegen?

Poor boy

Text und Musik: Klaus-Peter Lietz

E7
uncle have fun and she learned me to
D E7 A
say life is so hard each day.
F♯m
Poor boy you must know
3
3
poor boy life is so hard to go
3
G C
3
poor boy, poor boy you must say
A E7
3
life is ve - ry hard to stay
D.S. al
D E7 A
life is so hard each day,

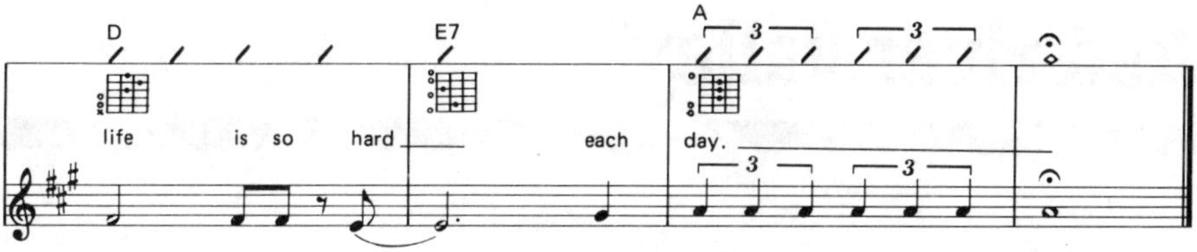

Das Rangierspiel

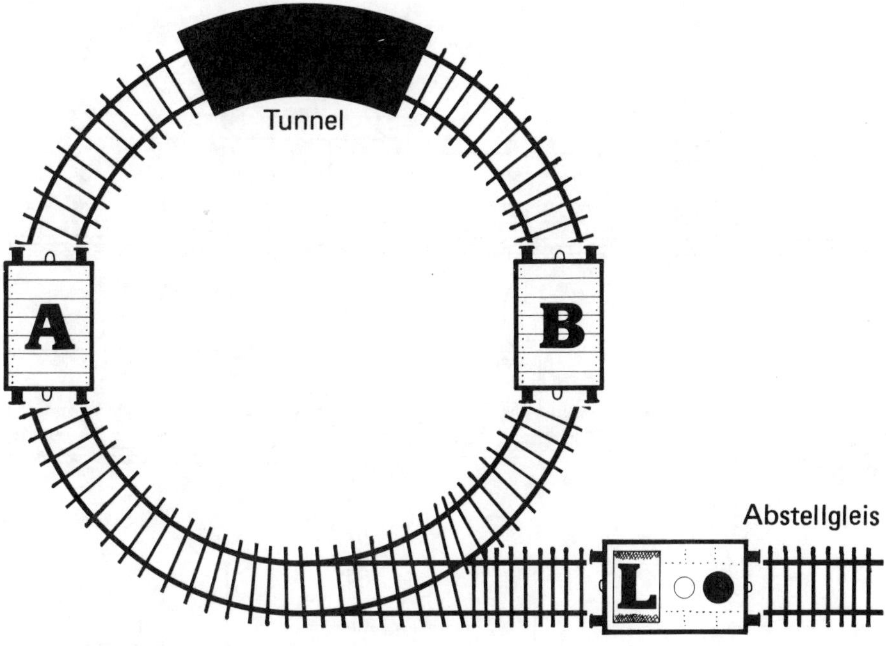

A und B sind Güterwagen und L ist die Lokomotive. Die Aufgabe dieses Spieles ist es, mit der Lokomotive die beiden Wagen A und B zu vertauschen, d. h. da wo Wagen A steht soll nachher B stehen und umgekehrt. Das Abstellgleis kann mitbenutzt werden.
Aber halt, das wäre doch wohl etwas zu einfach!
Hier nun die Hindernisse, die beachtet werden müssen: Im Gegensatz zur Lok passen beide Wagen nicht durch den Tunnel, und die Lok muß nach getaner Arbeit wieder in gleicher Fahrtrichtung auf dem Abstellgleis stehen!
Ist doch alles ganz einfach – oder? Viel Spaß bei der Lösung.

Red river valley

Traditional

2.
Oh just think of the valley you're leaving,
oh how lonely, how sad it will be;
and just think of the fond heart you're breaking,
and the grief you are causing to me.

3.
Come and sit by my side of you love me,
do not hasten to bid me adieu;
but remember the Red River Valley
and the girl that has loved you so true.

Ruby, don't take your love to town

Text und Musik: Mel Tillis

C
F
Ru - by, don't
G7
C
To Coda
Dm
take your love to town. For it was - n't me that
F
C
start - ed that old cra - zy As - ia war, But
Dm
F
G7
I was proud to go and do my pa - tri - ot - ic chores.
F
G7
Oh, I know, Ru - by, that I'm not the man I used to
C
F
be, But, Ru - by,

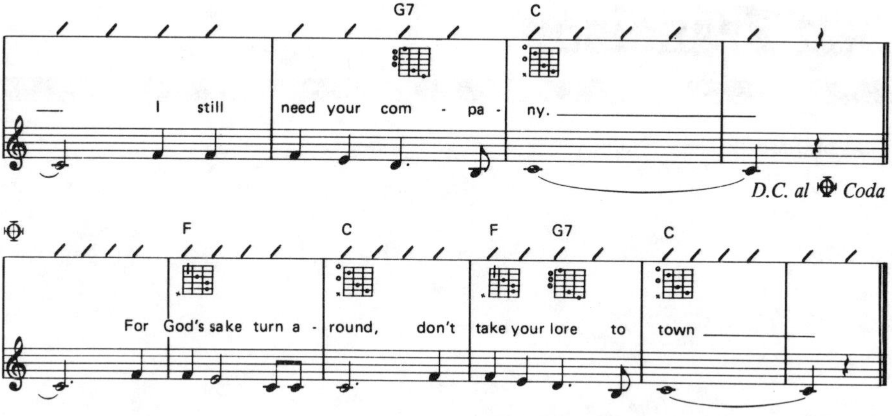
G7
C
I still
need your com - pa - ny.
D.C. al Coda
F
C
F
G7
C
For God's sake turn a - round, don't take your lore to town

San Francisco

Text und Musik: John Phillips

Hm
Em7
(G)
D
1.
2.
meet some gentle peo - ple there
F
Dm
F
All a - cross the na - tion,
such a strong vi - bra -
Dm
G
F
tion
people in mo - tion.
There's a whole genera -
Dm
F
Dm
tion.
with a new ex - pla - na - tion
G
D
people in mo - tion
people in mo - tion
D. S. al
G
Em
F♯m7
E7
there,
If you

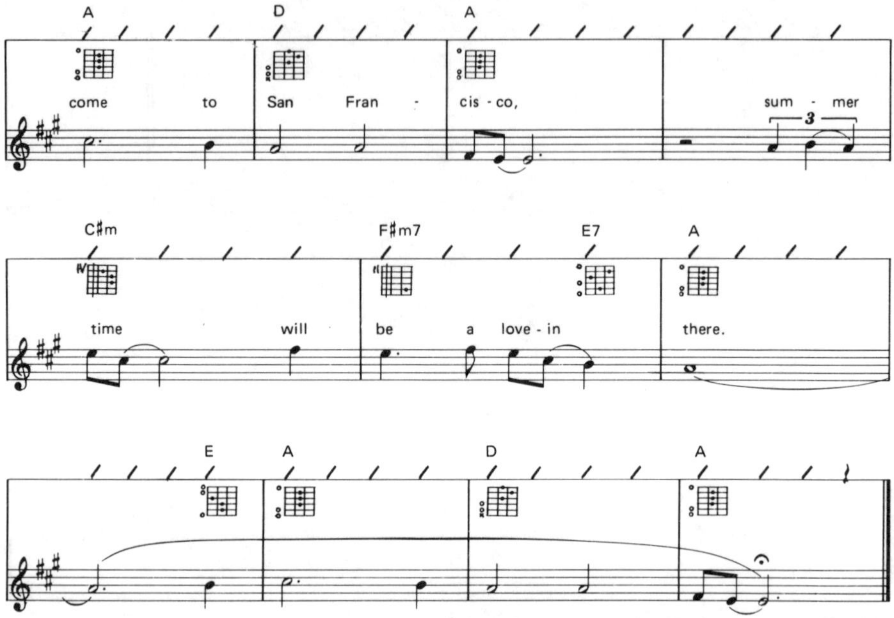

2.
For those who come to San Francisco,
summer time will be a love in there.
In the streets of San Francisco,
gentle people with flowers in their hair.

3.
For those who come to San Francisco,
be sure to wear some flowers in your hair.
If you come to San Francisco,
summer time will be a love in there.

Skandal im Sperrbezirk

Text und Musik: Günther Sigl

E
A
La - ster kei - ne Chan - ce hat! Doch je - der ist gut in - formiert, weil
G
D
Ro - si täg - lich in - se - riert und wenn dich dei - ne Frau nicht liebt, wie
E
A
C
gut, daß es die Ro - si gibt! Und drau - ßen vor der gro - ßen Stadt stehn die
Hm
E
A
Nut - ten sich die Fü - ße platt Skan - dal (Skan-dal) im Sperr - be - zirk Skan -
C
Hm
E
dal (Skan-dal) im Sperr - be - zirk Skan - dal - - - I Skan dal um
1.
A
Ro - si;
2.
A
Ro - si; Skan -

2.
Ja Rosi hat ein Telefon
auch ich hab' ihre Nummer schon!
Unter zwei-und-dreißig-sechzehn-acht
herrscht Konjunktur die ganze Nacht.
Und draußen im Hotel d'Amour
langweilen sich die Damen nur,
weil jeder, den die Sehnsucht quält,
ganz einfach Rosies Nummer wählt.

Und draußen vor der großen Stadt . . .

3.
wie 2. Strophe

Schickeria

Text und Musik: Günther Sigl

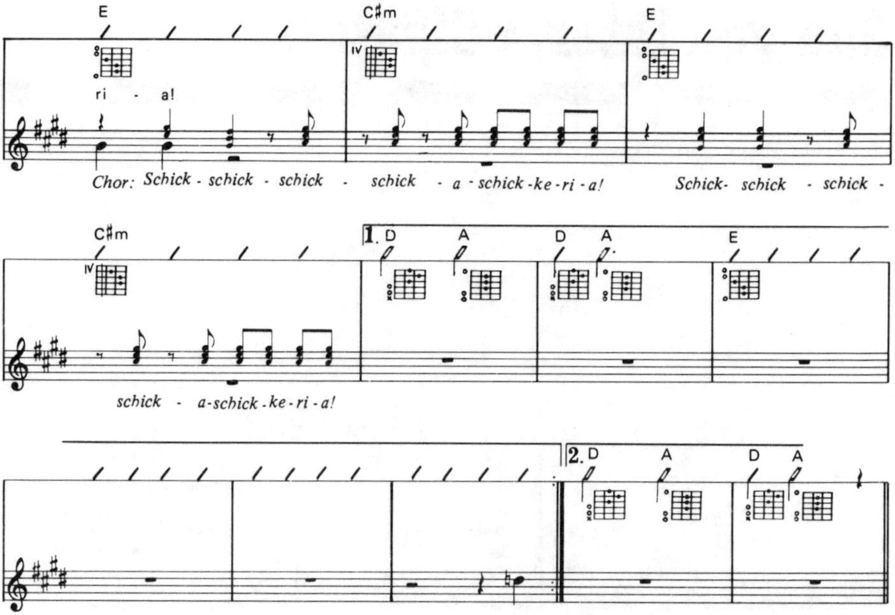

2.
Ja mei, wia kommst denn du daher,
a weng ausgeflippt muaßt scho sei!
Sonst laßt di da Gorilla an da
Eingangstür net nei.
Jeder ziagt si ausgeflippt o,
weil a sonst net landen ko.
In da Schickeria!

Chor:
Schick-schick-schick-schick-a-schickeria,
schick-schick-schick-schick-a-schickeria!

3.
Ja gestern hamma gehascht doch heiztog
schnupf ma Kokain
und morgen sitz ma in Stadlheim aber
Hauptsach' mir san in!
In da Schickeria! In da Schickeria!
Jeder moant er is a Star und schnupft
wia wuid,
daß a was guit! In da Schickeria!

Chor:
Schick-schick- . . .

See you later, alligator

Text und Musik: Robert Guidry

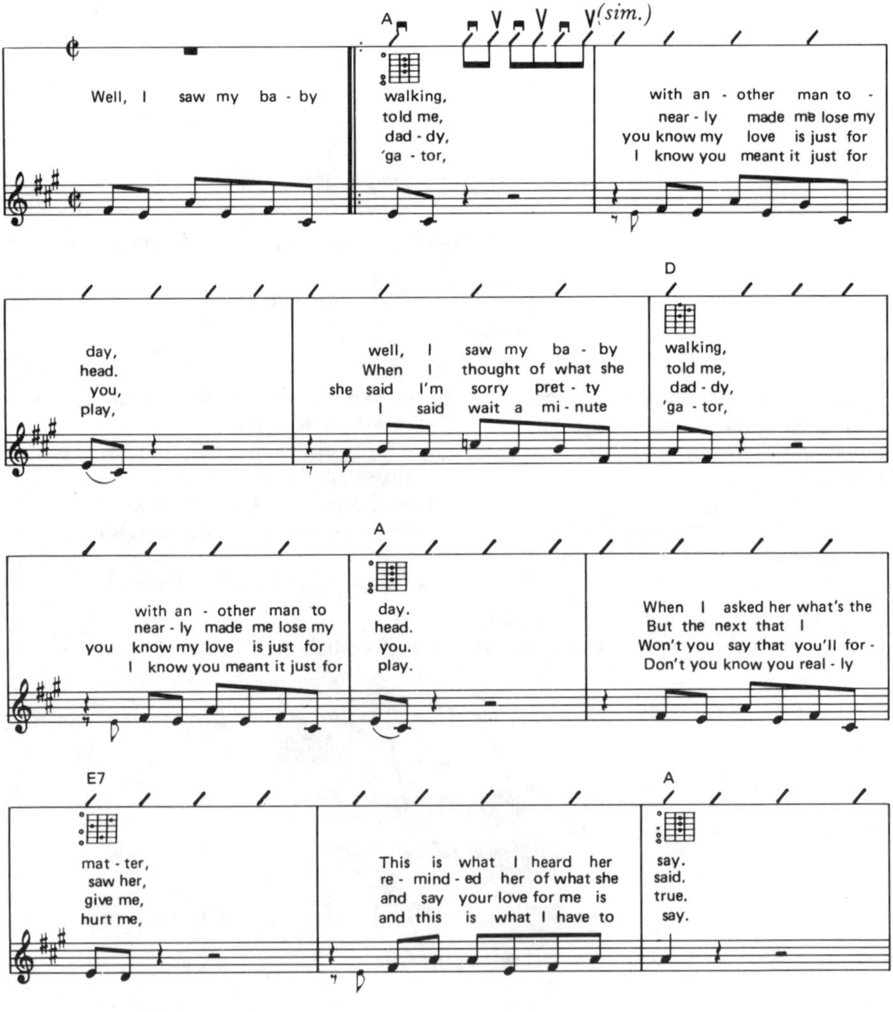

Auf den beiden folgenden Seiten findet ihr eine Anleitung für den 6er-Grundschritt beim Rock 'n' Roll. Viel Spaß dabei!

Der Rock 'n' Roll

Neben dem 6er-Grundschritt gibt es noch einige andere Grundtechniken. Die gebräuchlichste davon ist der 9er-Grundschritt, der auf sportlicher Ebene (internationaler Wettkampf) getanzt wird. Dieser Grundschritt erfordert allerdings viel Kraft und Kondition, da es sich um einen Sprungschritt handelt. Auf ihn wollen wir aber an dieser Stelle nicht eingehen, da der 6er-Grundschritt für den Hobby-Rock 'n' Roller völlig ausreichend ist. Mit diesem Grundschritt kann man ebenfalls sämtliche Figuren und Kombinationen aufbauen.
Die Rock 'n' Roll Musik hat einen 4/4-Takt, das heißt man braucht für den Grundschritt 1,5 Takte, das sind 6 Taktschläge. Auf jeden Taktschlag wird ein Schritt getanzt.
Auch innerhalb des 6er-Grundschrittes gibt es Variationen (z.B. Tap und Kick).
Der Herr führt die Dame links mit gefaßter Hand und drückt sie bei 1 in den Rückwärtsschritt und holt sie bei 2 wieder in die Ausgangsposition zurück.
Der erste Schritt rückwärts (Bild 1) sollte sehr klein getanzt werden, das heißt der Rückwärtsschritt mit dem Spielbein wird knapp hinter das Standbein gesetzt. Alle Schritte werden auf den Fußballen angesetzt. Der Oberkörper bleibt bis auf ein leichtes Mitfedern aufrecht.

Das Standbein ist schwarz. Das Spielbein ist weiß.

Auf den Bildern steht der Herr links und die Dame rechts.

Bild	Herr	Dame
1	Linker Fuß rückwärts	Rechter Fuß rückwärts
2	Rechten Fuß am Platz belasten	Linken Fuß am Platz belasten
3	Linker Fuß Kick leicht nach links	Rechter Fuß Kick nach vorne
4	Linken Fuß am Platz belasten	Rechten Fuß am Platz belasten
5	Rechter Fuß Kick leicht nach rechts	Linker Fuß Kick nach vorne
6	Rechten Fuß am Platz belasten	Linken Fuß am Platz belasten

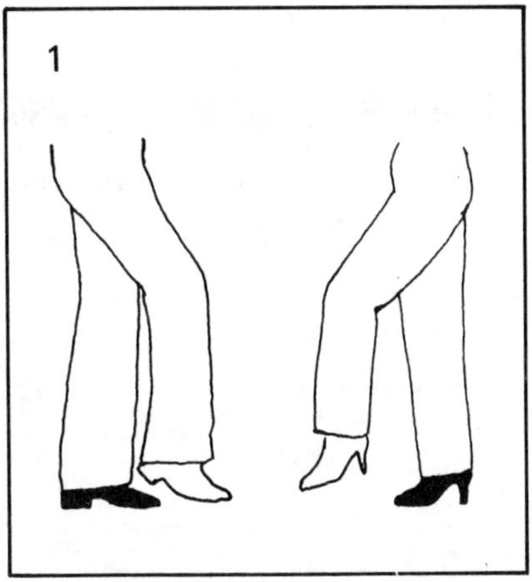
1

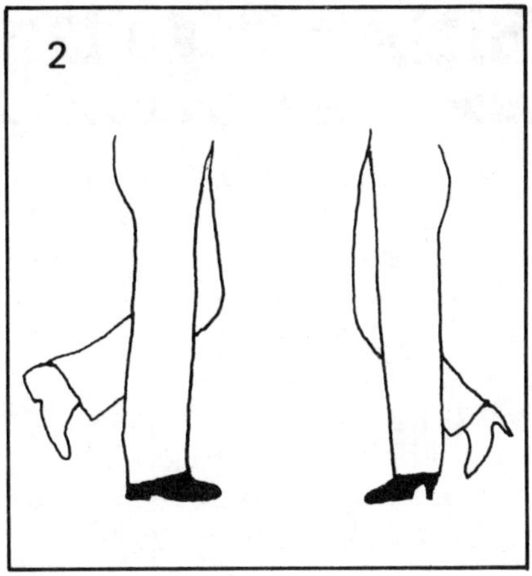
2

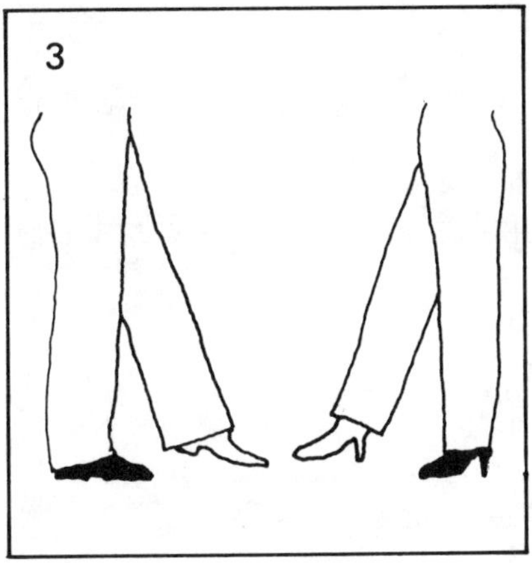
3

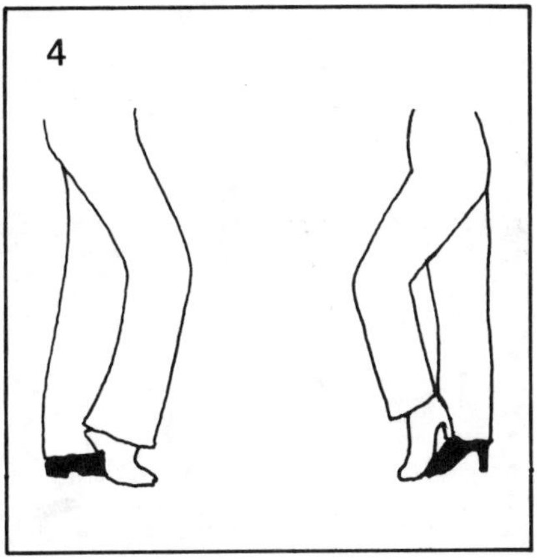
4

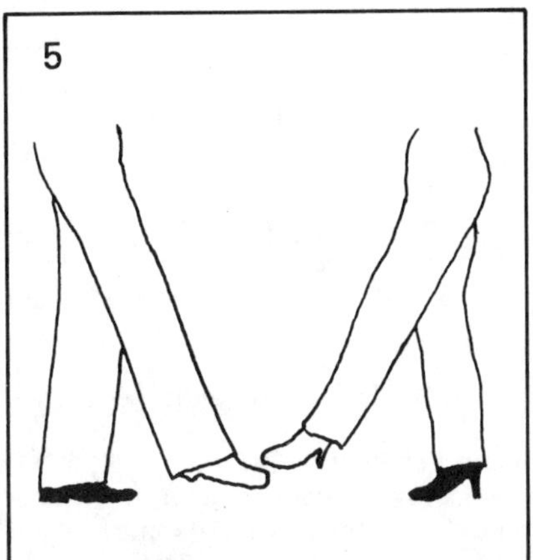
5

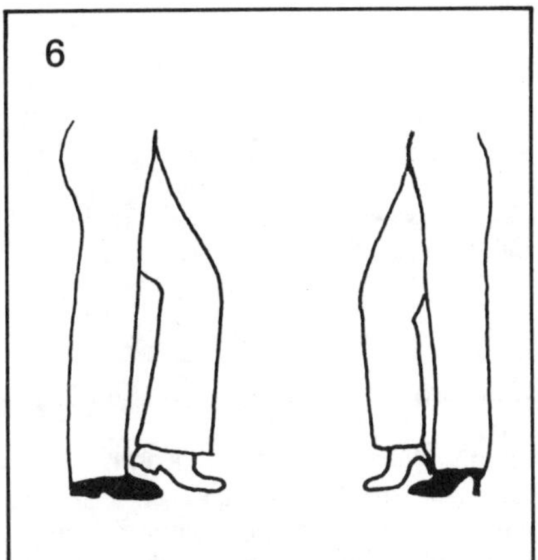
6

Sieben Tage lang

Text: H. Sanders/Lerryn/G. Wallraff

Musik: Traditional

2.
Dann wollen wir schaffen, sieben Tage lang,
dann wollen wir schaffen, komm faß an.
Und das wird keine Plackerei,
wir schaffen zusammen, sieben Tage lang,
ja, schaffen zusammen, nicht allein.

3.
Jetzt müssen wir streiten, keiner weiß wie lang,
ja, für ein Leben ohne Zwang.
Dann kriegt der Frust uns nicht mehr klein,
wir halten zusammen, keiner kämpft allein,
wir gehen zusammen, nicht allein.

Sonderzug nach Pankow

Text: M. Gordon
Subtext: Udo Lindenberg

Musik: Harry Warren

G G♯o D H7
und ich sag: Ey, Ho - ney, ich sing für we - nig Mo - ney im
E7 A
Re - pu - blik - Pa - last, wenn ihr mich laßt,
D A7 D A7
all' die gan - zen Schla - ger - af - fen dür - fen da sin - gen
D A7 D A7
dür - fen ih - ren ganzen Schrott zum Vor - tra - ge brin - gen,
G G♯o D H7
nur der klei - ne U - do, nur der klei - ne U - do der
E7 A D
darf das nicht und das ver - steh'n wir nicht.

3.
Honey, ich glaub' du bist doch eigentlich
auch ganz locker.
Ich weiß, tief in dir drin, bist du doch
eigentlich auch 'n Rocker.
Du ziehst dir doch heimlich auch ganz
gerne mal die Lederjacke an
und schließt dich ein auf 'm Klo und
hörst West-Radio.

Hallo, Erich kannst' mich hören,
Hallololöchen – Hallo.
Hallo, Honey kannst' mich hören,
Hallololöchen – Hallo
Joddelido . . .

Spanish eyes

Text: C. Singleton/E. Snyder

Musik: Bert Kaempfert

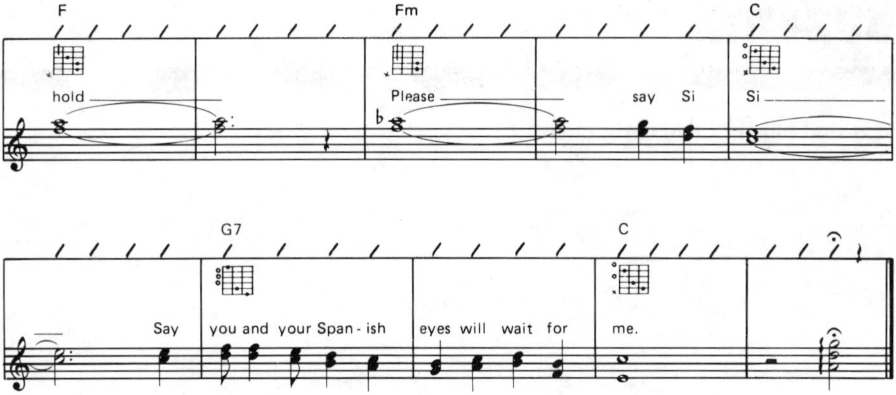
F
hold
Fm
Please
say Si
C
Si
Say
G7
you and your Span - ish
eyes will wait for
C
me.

Suzanne

Text und Musik: Leonhard Cohen

C
Dm
when you mean to tell her that you have no love to give her, then she
C
Dm
gets you on her wave length, and she lets the ri - ver ans - wer that you've al -
C
Em
ways been her lover
And you want to travel
F
C
with her and you want to travel blind; And you know she will trust
Dm
C
you for you've touched your perfect bo - dy, with her mind.

2.
And Jesus was a sailor when he walked upon the water
and he spent a long time watching from his lonely wooden tower.
And when he knew for certain only drowning men could see him
he said, „All men will be sailors then until the sea shall free them."
But he himself was broken long before the sky would open
forsaken, almost human, he sank beneath your wisdom like a stone
and you want to travel with him and you want to travel blind
and you think maybe you'll trust him for he's touched your perfect body with his mind.

And you want to travel with him,
and you want to travel blind,
and you think you maybe trust him,
for he's touched your perfect body
with his mind.

3.
Now Suzanne takes your hand and she leads you to the river
she is wearing rags and feathers from Salvation Army counters.
And the sun shows down like honey on our lady of the habour;
and she shows you where to look among the garbage and the flowers.
There are heroes in the seaweed,
there are children in the morning,
they are leaning out for love and they will lean that way forever.
While Suzanne holds the mirror and you want to travel with her
and you want to travel blind and you know that you can trust her
for she's touched your perfect body with her mind.

And you want to travel with him . . .

Take me home, country roads

Text und Musik: B. Danoff/T. Nivert/J. Denver

D
Coun - try. Roads, take me home
Em
C
to the place I be - long:
G
D7
West Vir - gin - ia, moun - tain mom - ma,
C
To Coda
G
Take me home, Coun - try Roads.
1.
2. Em
D
G
All my I hear her voice, in the morn - in' hours she
C
G
D
calls me, the ra - di - o re - minds me of my home far a -

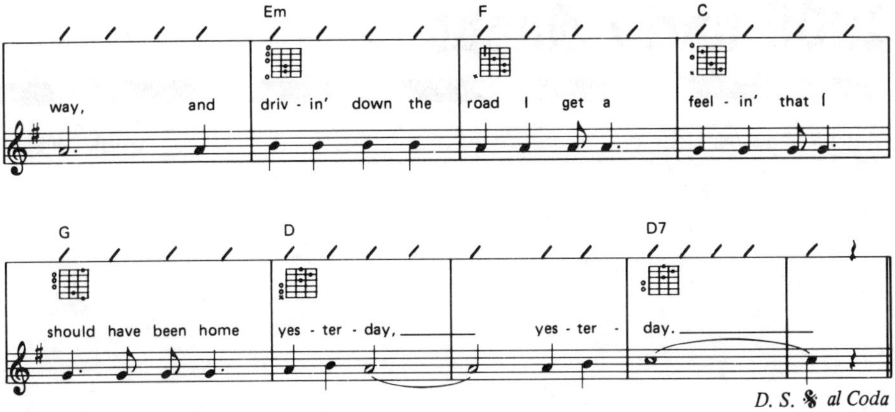
Em F C
way, and driv - in' down the road I get a feel - in' that I
G D D7
should have been home yes - ter - day, yes - ter - day.
D. S. al Coda
Coda
G D7
1.
Roads, take me home, Coun - try
2.
G
Coun - try Roads.

1000 und 1 Nacht

Text: K. Lage/N. Heirell

Musik: Walger

A E D A D
blieben zu Haus, Du schliefst ein vorm Fern - sehen wir war'n wie Ge-schwi-
F♯m H D
ster in all'den Jahr'n.
Refrain
A E F♯m
(sim.)
Tau - send mal berührt tausend mal is nix passiert
Hm7 E4 E F♯m E F♯m
tausend und eine Nacht und es hat Zoom gemacht.
2. Er -
3. Oh,
D E A
innerst Du Dich, wir ha'm In - dianer gespielt
wie viele Näch - te wußt' ich nicht ge - fehlt hat.
D Hm7 C♯m7 F♯m
und uns an Fa - sch - ing in die Büsche versteckt, was
wär' nie d'rauf ge - kom - men, denn das warst ja du, und

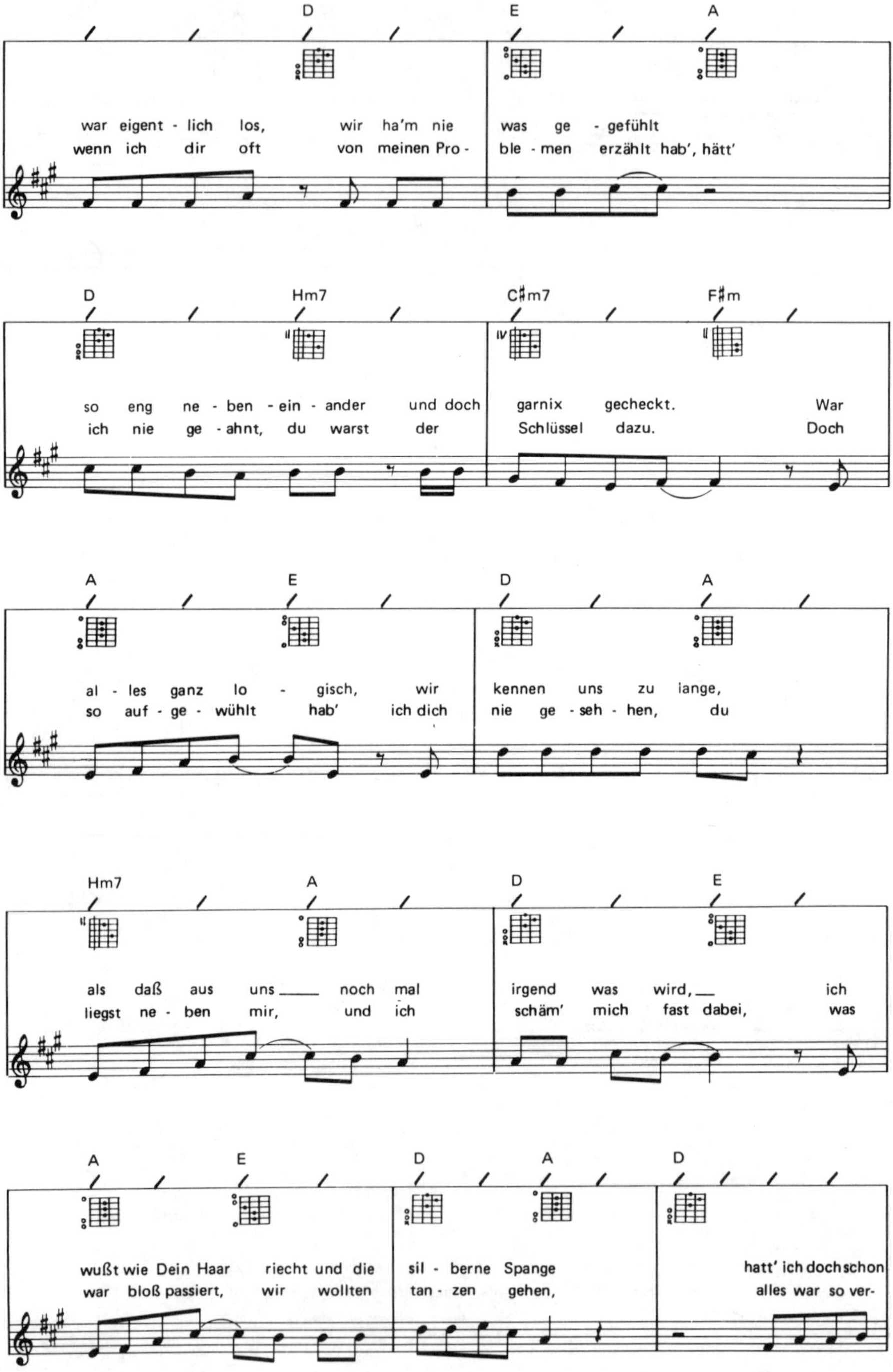
D E A
war eigent - lich los, wir ha'm nie was ge - gefühlt
wenn ich dir oft von meinen Pro - ble - men erzählt hab', hätt'
D Hm7 C♯m7 F♯m
so eng ne - ben - ein - ander und doch garnix gecheckt. War
ich nie ge - ahnt, du warst der Schlüssel dazu. Doch
A E D A
al - les ganz lo - gisch, wir kennen uns zu lange,
so auf - ge - wühlt hab' ich dich nie ge - seh - hen, du
Hm7 A D E
als daß aus uns noch mal irgend was wird, ich
liegst ne - ben mir, und ich schäm' mich fast dabei, was
A E D A D
wußt wie Dein Haar riecht und die sil - berne Spange hatt' ich doch schon
war bloß passiert, wir wollten tan - zen gehen, alles war so ver-

D. S. dann
Refrain fade out

The last time

Text und Musik: M. Jagger/K. Richard

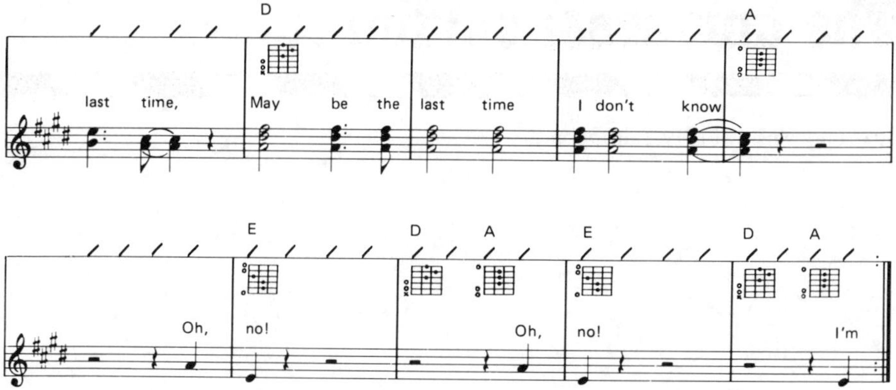

2.
Well, I'm sorry girl but I can't stay
feelin' like I do today
it's too much pain and too much sorrow
guess I'll feel the same tomorrow.

Well, this could be the last time . . .

3.
Well, I told you once and I told you twice
that someone will have to pay the price
but here's a chance to change your mind
'cuz I'll be gone a long, long time.

Well, this could be the last time . . .

The universal soldier

Text und Musik: Buffy Sainte-Marie

C F G7
Jew; And he knows he should - n't kill, And he
Em Am F Dm G7
knows he al - ways will kill you for me, my friend, and me for you. And he's
3
F G7 C Am
fight - ing for Can - a - da, he's fight - ing for France, He's
F G7 C F G7
fight - ing for the U. S. A., And he's fight - ing for the Rus-sians and he's
C Am F Dm G7
fight - ing for Ja - pan, And he thinks we'll put an end to war this way, And he's
F G7 C Am
fight - ing for De - mo - cra - cy, he's fight - ing for the Reds; He

F G7 C
says it's for the peace of all, He's the
F G7 Em Am
one who must de - cide who's to live and who's to die, And he
1. F Dm G7
nev - er sees the writ - ing on the wall. But with
2. F Dm
not the way we part the end to war!

Auflösungen

Lösung zum Hölzchenspiel auf Seite 51:

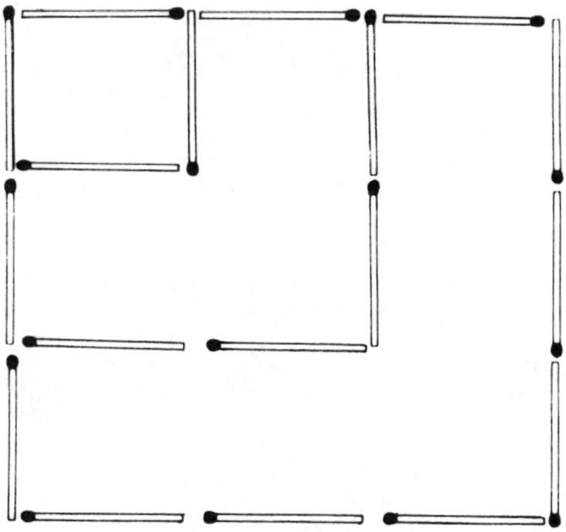

Lösung zum Hölzchenspiel auf Seite 61:

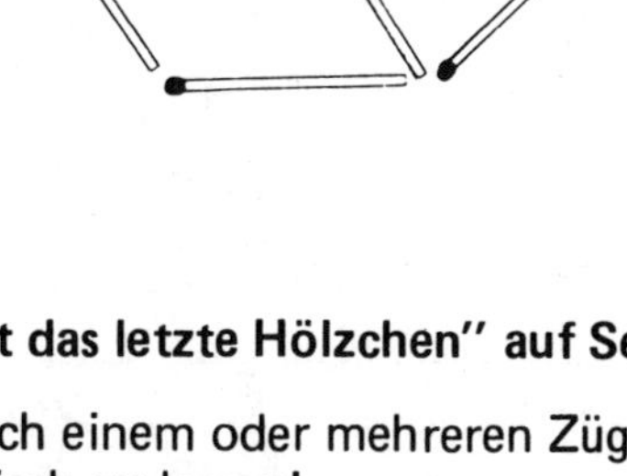

Lösung zu „Wer nimmt das letzte Hölzchen" auf Seite 79:

Du mußt versuchen nach einem oder mehreren Zügen zuerst 9 und dann 5 Hölzchen auf dem Tisch zu lassen!

Fortsetzung auf Seite 198

This land is your land

Text und Musik: Woody Guthrie

2.
As I went walking that ribbon of highway
I saw above me that endless skyway,
I saw below me that golden valley.
This land was made for you and me.

3.
I roamed and rambled and followed my footsteps
to the sparkling sands of her diamond deserts.
All around me, a voice was sounding.
This land was made for you and me.

4.
In the square of the city,
in the shadow of the steeple
by the relief office I saw my people.
As they stood there hungry I stood there whistling.
This land was made for you and me.

5.
Nobody living can ever stop me
as I go walking my freedom highway.
Nobody living can make me turn back.
This land was made for you and me.

Tsen Brider

Volkslied

2.
Acht Brider senen mir gewesen,
hobn mir gehandelt mit Ribn.
Ejner ist von uns gestorbn,
senen mir geblibn sibn.
Sibn Brider senen mir gewesen,
hobn mir gehandelt mit Gebeks.
Ejner ist von uns gestorbn,
senen mir geblibn seks.

Oj, schmerl mit dem Fidele . . .

3.
Seks Brider senen mir gewesen,
hobn mir gehandelt mit Schtrimpf.
Ejner ist von uns gestorbn,
senen mir geblibn finef.
Finef Brider senen mir gewesen,
hobn mir gehandelt mit Bir.
Ejner ist von uns gestorbn,
senen mir geblibn fir.

Oj, schmerl mit dem Fidele . . .

4.
Fir Brider senen mir gewesen,
hobn mir gehandelt mit Hej.
Ejner ist von uns gestorbn,
senen mir geblibn draj.
Draj Brider senen mir gewesen,
hobn mir gehandelt mit Blay.
Ejner ist von uns gestorbn,
senen mir geblibn tswej.

Oj, schmerl mit dem Fidele . . .

5.
Tswej Brider senen mir gewesen,
hobn mir gehandelt mit Bejner.
Ejner ist von uns gestorbn,
bin ich mir geblibn ejner.
Ejn Bruder bin ich mir gewesen,
hob ich mir gehandelt mit Licht.
Schterbn tu ich jeden Tog,
weil tsu esn hob ich nit.

Oj, schmerl mit dem Fidele . . .

Über den Wolken

Text und Musik: Reinhard Mey

2.
Ich seh' ihr noch lange nach,
seh' sie die Wolken erklimmen,
bis die Lichter nach und nach
ganz im Regengrau verschwimmen.
Meine Augen haben schon
jenen winz'gen Punkt verloren.
Nur von fern klingt monoton
das Summen der Motoren.

Über den Wolken muß die Freiheit
wohl grenzenlos sein.
Alle Ängste, alle Sorgen, sagt man,
blieben darunter verborgen und dann
würde, was hier groß und wichtig
erscheint,
plötzlich nichtig und klein.

3.
Dann ist alles still, ich geh',
Regen durchdringt meine Jacke,
irgend jemand kocht Kaffee
in der Luftaufsichtsbaracke.
In den Pfützen schwimmt Benzin,
schillernd wie ein Regenbogen.
Wolken spiegeln sich darin.
Ich wär' gern mitgeflogen.

Über den Wolken . . .

Verdamp lang her

Text: Wolfgang Niedecken Musik: Klaus Heuser

2.
Wer alles, wenn dir't klapp, hinger dir herrennt,
ding Schulder klopp, wer dich nit hofiert,
sich ohne ruut ze wedde ding Frönd nennt,
un dich daachs drop janz einfach ignoriert.
Et ess lang her, dat ich vüür sujet ratlos stund
un vüür Enttäuschung echt nit mieh kunnt.

3.
Ich weiß noch, wie ich nur dovun jedräumt hann
wovunn ich nit woss, wie jet sööke sollt,
vüür lauter Söökerei et Finge jlatt versäump hann
un övverhaup, wat ich wo finge wollt.
Ne Kopp voll Nix, nur die paar instinktive Tricks
et duhrt lang, besste dich durchblicks.

4.
Dat woor die Zick, wo ich nit ens Pech hat,
noch nit ens dat, ich hat se nit ens satt.
He woor John Steinbeck, do stund Joseph Conrad,
dozwesche ich – nur relativ schachmatt.
't ess paar Johr her, doch die Erinnerung fällt nit schwer
hück kütt mer vüür, als wenn etj
hück kütt mer vüür, als wenn et jestern wöör.

Verdamp lang her, verdamp lang,
verdamp lang her.
Verdamp lang her, verdamp lang,
verdamp lang her.

5.
Frööchs mich, wann ich zoletz e Bild jemohlt hann,
ob mir e Leed tatsächlich jetz jenüsch,
ob ich jetz do benn, wo ich hinjewollt hann,
ob mir ming Färv op die Tour nit verdrüsch.
Ich gläuv, ich weiß, ob de no laut mohls oder leis
't kütt drop ahn, dat do et deiß.

Verdamp lang her, . . .

6.
Verdamp lang her, dat ich bei dir ahm Jraav woor.
Verdamp lang her, dat mir jesprochen hann,
un dat vumm eine och jet beim andre ahnkohm,
su lang, dat ich mich kaum erinnre kann.
Häss fess jeglauv, dat wer em Himmel op dich waat
„ich jönn et dir" hann ich jesaat.

Verdamp lang her, . . .

What shall we do with the drunken sailor

Shanty

2.
Put him in the longboat till he's sober, . . .

3.
Pull out the plug and wet him all over, . . .

4.
Put him in the scuppers with a hose pipe on him, . . .

5.
Heave him by the leg in a running bowline, . . .

6.
Shave his belly with a rusty razor, . . .

Wild thing

Text und Musik: Chip Taylor

D E D E
H
hold me tight.
I love you.
You love me.
E A (sim.) H A E A H
H7 E A
Wild thing
H A E A H A
you make my heart sing.
You make eve -
E A H A E A H
ry - thing groovy.
wild thing
Fade out

Fortsetzung von Seite 185:

Lösung zum Hölzchenspiel auf Seite 83:

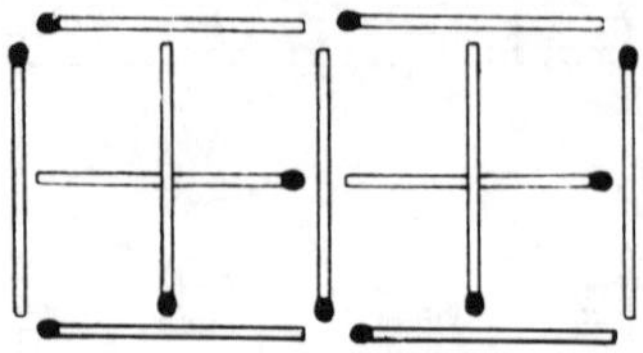

Lösung zum Brückenspiel auf Seite 88:

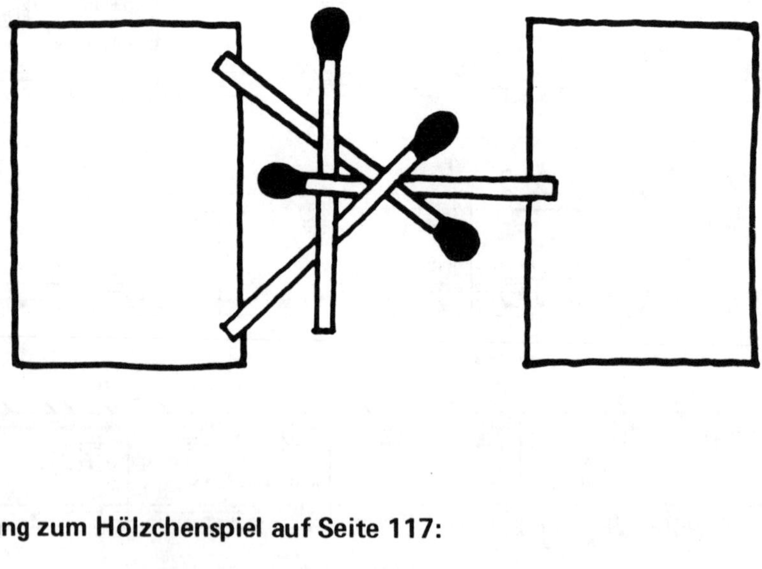

Lösung zum Hölzchenspiel auf Seite 117:

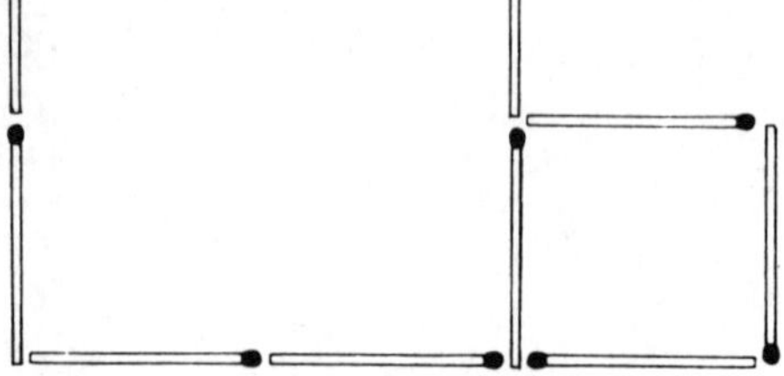

Lösung zum Pfennig-Kreuz auf Seite 144:

Man legt die äußersten Münzen von links und rechts auf die Münze in der Mitte, so daß jetzt dort 3 Pfennige übereinanderliegen.

Lösung zum Rangierspiel auf Seite 147:

Lokomotive L fährt aus dem Abstellgleis und koppelt Wagen B an und schiebt ihn aufs Abstellgleis. L fährt durch den Tunnel und schiebt A auch auf das Abstellgleis hinter B (Stellung: L - A - B). Jetzt müssen beide Wagen vertauscht werden:
L zieht den Wagen A wieder auf seine alte Position, koppelt ab und fährt durch den Tunnel. Dann schiebt er ihn auf die alte Position von B. L fährt wieder allein durch den Tunnel zurück und zieht B aus dem Abstellgleis und stellt ihn hinter A. Nachdem L abgekoppelt hat, fährt er durch den Tunnel und stellt beide Wagen vor das Abstellgleis. L fährt allein zurück durch den Tunnel und schiebt die Wagen aufs Abstellgleis. Diese Stellung: L - B - A haben wir angestrebt.
Der Rest ist einfach! L schleppt B aus dem Abstellgleis und stellt ihn auf die Ursprungsposition von A. Danach fährt L durch den Tunnel zurück und zieht A aus dem Abstellgleis und schiebt ihn auf die Ursprungsposition von B. Danach fährt L zurück aufs Abstellgleis und hat damit die Aufgabe erfüllt. Nicht ganz leicht das ganze.

A world of music

INTERMUSIC

Musikverlag und Vertrieb
Mathildenbadstraße 18
D-7107 Bad Wimpfen